投行与企业

资本服务的本质

火颖 著

中国言实出版社

图书在版编目（CIP）数据

投行与企业：资本服务的本质 / 火颖著. -- 北京：中国言实出版社，2018.10
ISBN 978-7-5171-2947-9

Ⅰ. ①投… Ⅱ. ①火… Ⅲ. ①投资银行—研究—中国 Ⅳ. ①F832.33

中国版本图书馆CIP数据核字（2018）第242532号

责任编辑：崔文婷
责任校对：代青霞
出版统筹：史会美
责任印制：佟贵兆
封面设计：百川嘉汇

出版发行 中国言实出版社
地 址：北京市朝阳区北苑路180号加利大厦5号楼105室
邮 编：100101
编辑部：北京市海淀区北太平庄路甲1号
邮 编：100088
电 话：64924853（总编室） 64924716（发行部）
网 址：www.zgyscbs.cn
E-mail：zgyscbs@263.net
经 销 新华书店
印 刷 三河市腾飞印务有限公司
版 次 2019年3月第1版 2019年3月第1次印刷
规 格 710毫米×1000毫米 1/16 10印张
字 数 120千字
定 价 48.00元 ISBN 978-7-5171-2947-9

序

从2008年到现在，是中国个人财富增长最快的时代。我们回首过去的10年，经济总量增长2.5倍，中国人民币规模总量增长3.25倍，外汇储备增长1.5倍，汽车销量增长3倍，电子商务在社会零售总额占比增长13倍，世界500强中国公司从33家增加到115家，高铁里程增长183倍，城市化率提高了12个百分点，北京10亿美元富豪数超过纽约。如此庞大的资金市场，如此强劲的经济增长，资金的配置格局早已发生了巨大的变化。面对如此大的资金市场，银行过于简单的存款与理财项目显然已经不能满足人们财富增长所带来的需求。中国投资银行业务的作用已经显得越来越重要，券商们从过去主要活动的证券承销、证券交易等领域纷纷拓展到资金管理、项目融资、兼并收购、风险投资、信贷资产证券化。

庞大的资金市场上，活跃着各种角色，其他各国投行业务的强龙，在中国市场也涉水颇深。与他国不同，我国的投行业务有自己特殊的生态链条。各个链条中，券商、公募基金、信托管理公司、私募基金、财务公司和财产管理公司在竞争中寻找生存机会，相互独立却又紧密缠绕，彼此竞争而又相互依赖。但抛开各种身份，我们能看到的只有对“资本、资本和资本”的重新配置。各种名目之下，其本质不过就是金融围绕价值创造实体的服务业而已。

证券一级市场是投行业务最本源、最基础的活动领域，发行市场是投行业务开展的基础。而发行人是通过中介机构向不特定的社会公众广泛地发售证券，还是进行证券的私募、用股票债券或者基金工具的载体。什么样的公司才能进入公募市场筹集，这涉及一国的发行管理制度。

债券市场的发行相对较为简单，但是债券市场以信用评级先行。信用评级的作用在于揭示债券违约风险，在于衡量或综合评估发债主体能否按时对各类所负债务如约还本付息的可能性或预期损失。评定发债主体用简单的符号向投资者提供对信用风险的客观、独立的意见，有效解决了投资者与发行人之间的信用信息不对称。当一个市场上信用评级没有真正市场化时，就会出现“用脚投票”现象，人们会用价格反映债券的真正评级。

私募是相对于公募而言，在美国私募是指向投资大户（通常35个以下）出售股票，此方式可以免除如在美国证券交易委员会的注册程序。投资者要签署一份投资书，声明购买目的是投资，而不是为了再次出售。而且私募债券、私募基金适用于不同条款。

风险投资又称创业投资，是指对新兴公司在创业期和拓展期进行的资金融通，表现为风险大、收益高。新兴公司一般是指运用新技术或新发明，生产新产品，具有很大的市场潜力，可以获得远高于平均利润的利润，但却充满了极大风险的公司。由于高风险，普通投资者往往都不愿涉足，但这类公司又最需要资金的支持，因而为投行提供了广阔的市场空间。投资银行涉足风险投资有不同的层次，比如，采用私募的方式为这些公司筹集资本，对于某些潜力巨大的公司有时也进行直接投资，成为其股东或者设立“风险基金”或“创业基金”向这些公司提供资金支持。

在这一过程中，风险投资项目的估价问题是核心环节。风险投资家在确定投资项目前要进行科学的评估和严格的筛选，以专业的风险管理技术规避风险。风险投资项目的价值评估在美国已形成了相对成熟和科学的理论体系，基本实现了定性分析与定量分析相结合。但是，美国市场使用较多的因素分析法，不能估算出投资项目的实际价值，而市场比较法又需要有较为完善发达的证券市场和行业齐全的可对比公司。中国目前风险投资市场的发展程度还没有足够样本支持大量的可对比公司。

总而言之，中国投资银行业是随着中国经济市场化的发展而出现和逐步发育起来的，目前中国已经初步形成了以专业证券公司为主体和其他各类专业中介机构相互协作配套的投资银行体系，基本可以满足资本市场交易和资本运作的一般性要求。但就其本质而言，金融要“回归本源，服从服务于经济社会发展”。要让金融回归本源，金融业的发展以实体经济为基础，始终服从服务于实体经济才是本源。

金融为实体经济健康发展服务，是金融的出发点和归宿。实体经济才是金融发展的根基，金融如果脱离实体经济需要，搞自我循环，以钱炒钱，就会成为无源之水、无本之木。从世界金融业的发展历史来看，没有实体经济的健康发展，就没有金融业真正的可持续发展。

2018年10月

火颖

目　录

第 1 章　中国投行业务市场生存现状……………………………… 1
1.1　什么是投行？中国的市场谁在做投行 ………………………… 1
1.1.1　投行服务在企业周边 ………………………………… 1
1.1.2　世界范围内，投资银行的组织形态 ………………… 2
1.1.3　投资银行与商业银行是什么关系 …………………… 4
1.2　商业银行和投资银行如何瓜分资本服务市场 ………………… 7
1.2.1　商业银行混业与全能之争 ……………………………… 7
1.2.2　美国的金融控股模式 ………………………………… 8
1.2.3　欧洲的大陆全能银行模式 ……………………………11
1.2.4　关于金融控股公司、银行控股公司与全能银行模式的比较分析……………………………………………………13
1.3　美国的投资银行的历史 ……………………………………18
1.3.1　起源于欧洲及中心的转移：1929年的“镀金时代” ………18
1.3.2　从1929年到1940年：被捆绑的时代 …………………19

1.3.3 《1999年金融服务现代化法案》分业的结束 ……19

1.3.4 2008年至2017年："重新洗牌"与投资银行业的兴亡……20

1.4 中国的投资银行 ……22

1.4.1 中国投资银行按背景分类 ……22

1.4.2 中国商业银行的投资业务 ……23

第2章 发行市场的管理制度……26

2.1 发行市场公募与私募的差别 ……26

2.2 发行的管理制度 ……31

2.2.1 证券发行管理制度的代表性市场 ……32

2.2.2 中国的发行管理制度：核准制 ……33

第3章 债券发行的新贵与资产证券化的水有多深……38

3.1 债券为什么需要评级 ……38

3.1.1 信用评级的内涵和作用 ……38

3.1.2 信用评级的历史和现状 ……40

3.1.3 主权信用评级分析 ……46

3.2 美国的债务上限和美债最大持有国中国 ……51

3.2.1 美国国债的持有机构分析 ……52

3.2.2 美国债务上限问题 ……52

3.3 中国企业债券的违约问题 ……55

3.3.1 债券违约现状 ……56

3.3.2 债券违约原因 ……60

3.3.3 债券违约风险管理对策 ……64
3.3.4 我国债券市场展望 ……69

第4章 中国私募市场和风投市场现状……71
4.1 私人权益资本市场 ……71
4.1.1 私人权益资本市场 ……71
4.1.2 国内一些私募股权投资认识的误区 ……79
4.2 风险投资市场和风险投资概念 ……86
4.2.1 美国风险投资市场发展的简史 ……86
4.2.2 美国风险投资发展的特点 ……87
4.2.3 风险投资行业分析：美国的风投界 ……88
4.2.4 什么是风险投资 ……91
4.3 风险投资的运营及退出 ……98
4.3.1 风险投资的运营过程 ……98
4.3.2 风险投资的风险分析 …… 107
4.4 风险投资在国内的现状 …… 114
4.4.1 中国风险投资发展现状 …… 114
4.4.2 中国风险投资发展面临的突出矛盾和问题 …… 120

第5章 风险投资项目的估价分析…… 128
5.1 风险投资项目估价困难的根源分析 …… 128
5.1.1 风险投资项目估价现状 …… 128
5.1.2 风险投资项目估价特点 …… 129
5.1.3 风险投资项目估价方法 …… 130

5.2 风险投资项目估价的模型总结 …………………………… 132
5.2.1 初创期企业适用的估值方法 ……………………… 132
5.2.2 股权项目投资的静态价值评估方法 ……………… 136

第1章　中国投行业务市场生存现状

1.1　什么是投行？中国的市场谁在做投行

1.1.1　投行服务在企业与其周边

投资银行是在资本市场上为企业发行债券、股票，筹集长期资金提供中介服务的金融机构，业务范围极宽泛，主要活跃在证券承销、公司购并与资产重组、公司理财、基金管理等领域。投资银行，在不同的国家有不同的叫法，在美国称投资银行，在英国称商人银行，在日本称证券公司，在法国称实业银行，而在中国有可能是某某券商，某某信托，某某基金，或者就是某某公司（比如中金公司）。狭义上说，国内一般认为券商是投资银行的代表。

在2017年中国投资银行的排名中（来源：多盈理财），中金公司排在其他各大券商之先，处于首位，招商证券位居第二。（1）中金公司，全称中国国际金融有限公司，是中国首家中外合资的投资银行。背景深厚，在业内享有盛名，外界对其了解较少。中金公司成立于1995年，注册资本为23亿元人民币。总部设在北京，在上海设有分公司，在北京、上海、深圳等15个城市分别设有证券营业部。由中央汇金投资控股50%以上。（2）招商证券。招商证券于1991年成立，总部位于深圳，截止到2003年，注册资本100亿元，在全国60个城市开设了96家营业网点；是中国证券交易所第一批会员、第一批经核准的综合类券商、第一批主承销商、全国银行间同业拆借市场第一批成员，以及第一批具有自营、网上交易和资产管理业务资格的券商。其余的公司，比如国信证券、海通证券、国元证券、广发证券、光大证券都名列2017年中国投资银行排名榜。

1.1.2 世界范围内，投资银行的组织形态

世界范围内，投资银行的组织形态主要有四种。

一是独立型的专业性投资银行，这种类型的机构比较多，遍布世界各地，它们有各自擅长的业务方向，比如美国的高盛集团、摩根士丹利。

二是商业银行拥有的投资银行，主要是商业银行通过兼并收购其他投资银行，参股或建立附属公司从事投资银行业务，这种形式在英国非常典型，比如汇丰集团。

三是全能型银行直接经营投资银行业务，这种形式主要出现在欧洲大陆国家，银行在从事投资银行业务的同时也从事商业银行业务，比如德意志银行。

四是一些大型跨国公司兴办的财务公司。

我们可以从2015年世界投资银行市值排行榜的十大投资银行看出，

投资银行还包括很多老牌的商业银行（见表1–1）。

表1–1　2015年世界投资银行市值排名

排名	投资银行	市值（亿美元）
1	花旗集团	279.9
2	摩根大通集团	103.0
3	摩根士丹利	99.0
4	瑞士联合银行	75.1
5	瑞士信贷银行	61.5
6	美林银行	59.4
7	德意志银行	55.3
8	高盛集团	49.4
9	巴黎国民银行	42.1
10	德累斯顿银行	24.2

其中花旗集团，市值279.9亿美元。虽然它一直以银行零售业务著称，并被视为美国商业银行的代表，但也被称为最具潜力的投资银行。花旗集团是1997年由花旗公司及旅行家集团合并而成，并换牌上市，是美国第1家集商业银行、投资银行、保险、共同基金、证券交易等诸多金融服务业务于一体的金融集团。合并后的花旗集团总资产达7000亿美元，净收入为500亿美元，在100个国家有1亿客户，信用卡发行量约

6000万张。摩根大通集团，市值排名行业第2，被称为最积极进取的投资银行。摩根大通集团是一家全球领先的金融服务公司，业务遍及全球60多个国家。公司在投资银行消费者金融服务、小型企业及商业银行服务、金融交易处理和资产及财富管理等领域享有领先地位。第3名，摩根士丹利。最佳不良资产处理银行，老牌的投资银行之一，是一家全球领先的国际性金融服务公司，业务涵盖投资银行、证券、投资管理以及财富管理等。摩根士丹利是最早进入中国发展的国际投资银行之一，多年来业绩卓越。在2016年财富世界500强排行榜中排名第263位。市值排名第8的高盛集团，被称为最佳国际投资银行，最佳大宗股票承销行，最佳大宗并购行。高盛集团成立于1869年，是全世界历史最悠久及规模最大的投资银行之一，向全球提供广泛的投资、咨询和金融服务，拥有大量的多行业客户，包括私营公司、金融企业、政府机构及个人。

以上可以看出一些老牌的商业银行同时也是如今重要的投资银行，所以投资银行与商业银行是有重合点的。之所以如此，和美国的监管历史、思维模式有关。

1.1.3　投资银行与商业银行是什么关系

同样作为金融市场的重要机构，投资银行和商业银行有着千丝万缕的联系，当代投资银行的发展历程和现状说明，有时很难对花旗集团和摩根大通这样的金融巨无霸进行行业的划分。那么是否有必要进行这种辨析呢？由于中国依然保持着商业银行和投资银行的业务和行业划分，进行两者的比较，有其必要性。

投资银行和商业银行都是资本市场的金融中介，都是市场化配置资金资源渠道中的重要角色。随着1997年花旗集团的并购，2008年美国“次贷危机”后的华尔街重新洗牌，美国投资银行业和商业银行业越走越近，难分彼此。传统的商业银行摩根大通、瑞士联合银行和老牌的投资银行摩根士丹利、美林银行、高盛都已经很难用商业银行或者投资银行去划分了。

从细微处看，投资银行与商业银行的差别还是比较明显的（见表 1–2）。

表1–2　投资银行与商业银行的差别

业务种类	投资银行	商业银行
主要市场	资本市场	货币市场
本源业务	证券承销	存款、贷款
功　能	直接融资、长期融资	间接融资、短期融资
业务概貌	表外业务	表内业务、表外业务
利润来源	佣　金	存贷利差
经营原则	创新性	稳健性
宏观管理	证监会、财政、央行、交易所等	中央银行
保险制度	投资银行保险制度	存款保险制度
组织结构	扁平化	等级制
作业方式	精英主义	团队合作
决策机构	无条框，个人拥有一定自主权	规则明确，集权化高

从市场定位看，投资银行是资本市场的核心，而商业银行是货币市场的核心。

从服务功能看，投资银行服务于直接融资，而商业银行服务于间接融资。

从业务内容看，投资银行的业务重心是证券承销、公司并购与资产重组，而商业银行的业务重心是吸收存款和发放贷款。

从收益来源看，投资银行的收益主要来源于证券承销、公司并购与资产重组业务中的手续费或佣金，而商业银行的收益主要来源于存贷利差。

从经营方针看，投资银行在控制风险的前提下更注重开拓，而商业银行追求收益性、安全性、流动性三者的结合，坚持稳健原则。

从风险特征看，投资银行面临的风险较小，投资者面临的风险较大；商业银行面临的风险较大，存款人面临的风险较小。

从监管部门看，商业银行主要受中央银行及银监会监管；投资银行主要受证监会监管。

比如美国投资银行宏观管理是由美国证券会承担的。而中国投资银行主要由中国证券监督管理委员会管理。

1.2　商业银行和投资银行如何瓜分资本服务市场

1.2.1　商业银行混业与全能之争

商业银行能否经营证券业务一直是国际金融界争论的焦点，对于分业经营和混业经营孰优孰劣的争论理论界仍未有定论。1933年以前，美国的商业银行业务很少受到限制，在法律上也没有明确分业经营和混业经营的规定，商业银行可以从事证券业务。1929—1933年的经济危机后，一部分美国的金融经济专家，包括政府官员依据“真实票据论”“商业贷款理论”“利益冲突”理论来批评混业经营体制。与此同时，对反驳混业经营理由的实证研究也在进行。特别是信息经济学理论的研究证明，关键之处不在于混业经营一定会使商业银行为谋取自身私利而采取违规的操作，而在于是否有一个健全、发达的金融市场和良好的信息披露制度为金融行为提供基础条件和制约因素。

美国最终放弃分业经营体制，也经历了半个多世纪的尝试和争论，最终走上混业经营的道路，是多重内外因素作用的结果。促进混业经营体制发展的内因有以下几点：第一，混业经营是金融本质的内在要求。第二，专业化金融机构会比全能型金融机构面临更大的替代风险。第三，一个国家金融市场内在不可分割以及消费者需求的不断变化，使分业经营实际上陷入困境。资金是流动的，逐利性导致资本在市场追逐利润，并不以所谓的货币市场和资本市场作为界限。第四，在当今的金融业已步入金融工程时代的背景下，过分强调分工，就会阻碍效率的提高。

促进混业经营体制发展的外因是：第一，混业经营体制是世界范围内经济竞争加剧的结果。第二，金融全球化的迅猛发展是混业经营的主要诱因。来自欧洲的银行巨无霸，具有强大的资本实力，在“大的就是好的”的信念下，给美国金融市场带来压力的同时，也引发了美国大银行混业经营的动力。第三，金融证券市场的发展是推动混业经营的重要原因。第四，信息革命成为混业经营的推动力量。同时，金融创新的影响、客观经济形势的变化导致银行垄断地位下降、经济理论思潮的变化等因素也共同促成了这种趋势的形成。

1.2.2 美国的金融控股模式

从美国金融体制发展的实际状况来看，美国经历了“混业经营—分业经营—再混业经营”的历程。进入20世纪以后，新兴的金融机构如储蓄与贷款协会、投资银行、信用合作社、金融公司等迅速发展起来，但是商业银行在金融体系中仍然处于主导地位。1913年联邦储备体系（即中央银行）根据《联邦储备法》建立，标志着美国现代金融制度的确立。20世纪30年代以前，美国的金融制度基本上是不受管制的，自由竞争是当时盛行的观点。政府为了维持一个健全的、高效率的银行制度，只实行最低限度的管理以维持竞争秩序。当时，美国商业银行存贷款业务与投资银行业务（证券业务）是相互渗透的。大多数商业银行直接或间接通过其附属机构从事证券投资业务。投资银行在承销股票和债权包销业务的同时，也开办某些商业银行的业务。此时，美国实行的就是一种混业经营制度，1933年以前，美国有关证券公司的法律制度几近空白。1933年6月美国总统罗斯福签署《格拉斯–斯蒂格尔法案》，也称《1933年银行法》，美国的银行开始分业经营。1934年美国证券交易委员会成立，确定了商业银行与投资银行分业监管体制，美国银行分业体制正式形成。1999年，《金融服务现代化法案》的通过标志着美国分业经营体制的正式结束，也标志着分业经营体制在发达国家的终止。美国《金融服务现代化法案》确立的金融控股公司制度是金融混业经营的组织创新。金融控股模式以美国为代表，是一种"新全能银行"。

日本、加拿大许多发达国家以及许多发展中国家纷纷采用金融控股公司制度实行混业经营，金融控股公司制度成为世界上主要的金融混业经营组织制度。日本就是在20世纪90年代末的金融改革中，决定采用金融控股公司模式来实现混业经营。

美国《金融服务现代化法案》从法律上仍规定银行不允许从事投资银行业务。如果商业银行想从事投资银行业务，应以控股公司形式，在同一机构框架内通过相互独立的子公司来从事其他金融业务。

美国联邦法律规定银行本身或有直接投资关系的子公司不得经营证券业务，但银行控股公司另设立的子公司，则可在限定范围内经营证券业务。在同一机构框架内通过相互独立的附属公司，来从事其他金融业务，在这里银行与其他非银行金融机构都是控股公司的并列附属公司。

作为多元化经营的金融企业集团，金融控股公司具有如下特点：

（1）集团控股，联合经营。集团控股是指存在一个控股公司作为集团的母体，控股公司既可能是一个单纯的投资机构，也可能是以一项金融业务为载体的经营机构，前者如金融控股公司，后者如银行控股公司、保险控股公司等。

（2）法人分业，规避风险。法人分业是金融控股集团的第二个重要特性，指不同金融业务分别由不同法人经营。它的作用是防止不同金融业务风险的相互传递，并对内部交易起到遏制作用。

（3）财务并表，自负盈亏。根据国际通行的会计准则，控股公司对控股51%以上的子公司，在会计核算时合并财务报表。一方面合并报表的目的是防止各子公司资本金以及财务损益的重复计算，避免过高的财务杠杆。另一方面，在控股公司构架下，各子公司具有独立的法人地位，控股公司对子公司的责任、子公司相互之间的责任，仅限于出资额，而不是由控股公司统负盈亏，这就防止了个别高风险子公司拖垮整个集团。

纯粹型金融控股公司模式的优点：

首先，该模式最突出的优点就是良好的防火墙避险效应。纯粹型金融控股公司的母公司与子公司都是独立法人，有各自独立的法律地位。由于资产、负债、人力资源等彼此界定清楚，因此成员内部的风险不易传播；尤其是母公司仅以其出资额为限对子公司的债务清偿及破产危机负有限责任。所以从制度上讲，这种模式比较好地解决了金融集团内部随意调动资金及风险的无度传播问题。

其次，该模式具有资本扩充效应。母公司把自己拥有的资本作为控股资本投给下属子公司，由于不需要100%的控股，只需要拥有超过半数甚至不必超过半数即可达到控制子公司的目的。这样母公司的资本可以迅速扩充。

再次，集团内部合理分工，强化了母公司的战略管理职能。由于母公司仅参与投资功能，使其对子公司的监控、绩效评估和资源组合更为有效，能更加专注于战略思考而非事务性问题。

最后，子公司的灵活与自主决策优势。子公司可以独立地从自身利益出发，有针对性地为自身建立管理层长期培养计划，在提高子公司内部经营管理能力的同时增强金融控股公司整体运作实力。此外，由于各子公司经营自主性高，能灵活调整经营战略，迅速对市场变化做出反应。

金融控股模式之所以被认为是安全的有以下几点原因：

（1）金融控股模式下，控股公司拥有银行和证券公司，金融业务间建立“防火墙”，各部门存在着严格的法律隔离。不同的子公司开展不同种类的金融业务，每个子公司有独立的资本金和管理队伍等，降低了银行与证券部门的一体化程度。

（2）金融控股模式限制信息、人力资源或其他投入要素在金融机构内的流动，降低了规模经济和范围经济效应，削弱了金融机构开发和利用信息优势以获得协同效应的能力。同时，其分散风险、减少收益变动的能力也较另外两种模式要差。因为各业务部门所获收益归各部门所有，因此收入分散化效应只能在控股公司层面上取得。

（3）优势在于能减少不同业务部门之间利益冲突发生的可能性，提高金融机构稳健经营的能力，安全网扩展到其他业务部门的可能性也大大降低。

1.2.3　欧洲的大陆全能银行模式

全能银行源于德国。在这种模式下，银行业务之间没有界限的划分，全能银行不仅经营银行业务，还经营证券、保险等金融衍生业务以及其他新兴金融业务，甚至还能持有非金融企业的股权。全能银行模式以德国为代表，还包括瑞士、法国和荷兰、卢森堡、奥地利等国。这些国家的商业银行可依法接受存款和发放贷款，交易各种金融工具和外汇，承销债券和股票经纪业务，投资管理和保险。德国等国并不允许在银行内部直接开展保险业务，但可以通过银行母公司或控股公司模式开展保险业务。

法律上不要求在与商业银行隔离的附属公司开展业务，部门间没有“防火墙”。法律一般准许银行直接兼营其他金融业务，也可选择以设立附属公司方式经营各种金融业务。

全能银行模式具有的优势非常明显，表现在以下几个方面：

（1）全能银行的信息优势使其经营的潜在成本下降，降低银行自身风险。

在资本市场比较发达的国度，绩优企业往往不愿意通过银行融资，更倾向于通过发行股票或者债券在资本市场上直接融资，而较小的或新生企业比较依赖银行。原因就是银行融资的成本高于直接融资的成本。传统信贷市场萎缩使分业经营模式下商业银行的生存空间越来越窄。与之相比，全能银行则具备一定的信息优势，它可以通过提供系列的金融产品，与企业建立起持续而全面的关系。银企关系的全面性提供能够为银行带来规模经济效益，通过观察企业在其他金融服务上的行为，能够更加了解企业。此外，通过提供大量的服务，全能银行在设计融资合约时有更多的选择工具，并且对企业的管理决策有更多影响的手段。这样就降低了它的代理成本。

（2）范围经济效应的存在使全能银行的边际效益上升。

商业银行在生产金融产品的投入上，除了上面所言信息成本之外，还包括传统技术性成本，如管理客户的固定费用、研究开发成本、营销成本等。这些成本在全能银行内部可以分摊到各个业务中去，相对于只有一种金融业务的银行，就能够获取一定的范围经济效益。银行、证券等业务的开展是在一个公司实体内进行，公司内部各个部门可以资源共享，提高了资源的流动性，降低经营成本，实现收入的多元化，获得范围经济效应。

（3）全能银行同时经营商业银行业务和其他金融业务，可以做到优势互补。

以银行业与证券业为例，证券业可以利用商业银行的资金优势和网络优势为自己的发展提供便利条件，而银行业也可以通过证券业务进一步密切同企业的关系，争取更多的客户，促进其自身的发展。

（4）全能银行制度可以促进银行业务的创新和竞争力。

全能银行制度有利于提高银行收益，并促进社会总效用的上升，比如通过银行业与证券业的全面合作，一方面可以使证券公司利用银行现有的业务渠道和客户资源，降低经营成本和信息成本，满足客户的服务需求；另一方面银行通过资本市场的工具创新，开拓资产业务的种类，增强银行长期资产业务的流动性，降低银行经营风险。

其缺点在于可能导致金融业的垄断，并极易引发利益冲突以及使安全网扩散等问题。

1.2.4　关于金融控股公司、银行控股公司与全能银行模式的比较分析

由于组织架构、经营模式等方面的差异，金融控股公司、银行控股公司和全能银行在各国实践中呈现的特点各不相同，三种模式各有自身的优势和弱点。

（1）金融控股公司。

优势：其混业经营是通过各个子公司经营不同性质的金融业务来实现的，它们在法律和经营上是相对独立的法人，相互之间的关系为兄弟公司，因此利益冲突、风险传递等问题较小；但各子公司又可以通过金

融控股公司的统一指挥，提供全方位的金融服务，通过内部“防火墙”的设计可以达到分业监管、混业经营的目的。

弱点：相对分业使得该模式不能像全能银行那样在规模经济和范围经济上获取效益。

（2）银行控股公司（母子公司型）。

优势：子公司是独立法人，银行母公司对其法律责任仅以投资额为限，可以避免子公司经营失败对母公司的直接影响；通过下属非银行子公司可以提供不同的专业化金融服务，既提高了业务效率又实现了金融服务的多元化；内部“防火墙”的设计，起到限制和阻止内部风险传递的作用，比全能银行更能保证系统的安全性。

弱点：与全能银行相比，金融业务的整合程度较低，因此规模经济、经营范围以及分散金融风险的功能有限，并且母子公司的组织结构存在较高的组织成本和管理成本。

（3）全能银行。

优势：为银行开放了广泛的经营领域，有利于银行通过业务范围的扩展来实现规模效益，同时促进金融机构间的竞争，使金融业的服务效率得到提高。

弱点：全能银行模式下，经济资源过度集中，易导致垄断和利益冲突，如对关系客户过多放贷，就极易造成信贷分配的扭曲和金融风险的集中，所以，全能银行模式在促进金融服务自由化的同时，也对一国金融当局的审慎监管提出了更高的要求。

三种模式下效率与风险的具体分析见表1–3、表1–4。

表1–3　三种模式下的效率分析

	金融控股公司	银行控股公司	全能银行
规模经济与范围经济显著	显著 在控股母公司统一战略策划下，通过子公司客户资源一定程度的共享和业务相互推进，扩大各特定业务的经济规模，有效降低平均成本	显著 与金融控股型类似。不同的是这里是以控股母公司（银行、证券或保险）为核心	很显著 可以最大限度实现客户资源和信息共享，低成本扩展各特定金融业务，降低集团整体平均成本
协同效应	显著 发展交叉业务，开发客户潜在金融服务需求，达到优势互补；通过财务策划，实现管理资源和现金流量的有效利用；合理避税	显著 与金融控股类似。不同的是这里是以控股母公司（银行、证券或保险）为核心	很显著 能够充分利用管理上的协同效应和财务上的协同效应
资本运作	效率最高 资本运作高效，充分发挥资本杠杆优势，有利于企业内部整合和外部的兼并重组与国际扩张	效率较高	效率稍低 资本运作涉及法律关系、当事方利害调节，需花费许多财力、人力和时间
战略管理	集团战略规划管理与事业经营相分离，得以专注于战略管理，有利于子公司长期战略性发展	母公司需要兼顾自身经营和子公司的管理，容易导致子公司的发展附属于母公司，不利于集团整体战略规划	母公司需要兼顾自身经营和子公司的管理，不利于集团整体战略规划
金融创新培育核心竞争力	银行、证券、保险皆以子公司经营，不出现文化冲突，有利于集团下属子公司均衡发展，各子公司专业化经营，形成各自的核心竞争力，创新能力强	不利于创新	金融机构具有较强的垄断地位，不利于创新

表1-4　三种模式下的风险分析

	金融控股公司	银行控股公司	全能银行
利益冲突和内部交易	较少 在母公司统一协调下，各金融子公司财务等方面都相对独立，交易按市场原则内部核算，能有效降低各子公司利益冲突和内部交易风险	部分 母公司与控股子公司之间比较容易发生利益冲突和内部交易	较多 会出现利益重新配置问题，最容易发生利益冲突，各金融业务内部交易比较多
透明度风险和内部控制	透明度稍高	不太透明	最不透明，内部控制要求最高
系统风险传染	母子公司间及各子公司间严格的“防火墙”体系可以有效地隔离风险。各子公司发生危机后，控股公司的损失仅以出资额为限，能够把集团风险控制在一定范围内，有利于维护金融体系的安全	“防火墙”比较有效，但当子公司发生困难时，母公司救助子公司，导致风险向母公司集聚，金融体系风险增大，可能发生“共同倒闭风险”	各金融机构业务相互交叉融合，有可能叠加风险，较弱的风险防范措施会增加集团的系统风险，容易形成“多米诺骨牌效应”，一家机构的风险传染到多家，连累整体
监管及内控难度	监管难度相对小一些，监管机构间需要配合，信息共享	监管难度提高，监管机构间需要信息共享，沟通协调	监管难度最大，同时对管理人员的专业水平、自身素质及管理协调能力的要求更高

总体来看，效率与风险成正比关系。从效率来看，三种模式中自高至低排列为全能银行、银行控股公司、金融控股公司；从风险来看，自低到高分别为金融控股公司、银行控股公司、全能银行。三种模式各有所长，没有绝对的优势和劣势。全能银行模式的选择实质上是一国特定的经济、社会条件下，金融效率与风险之间权衡的结果。

几种模式比较的结论：

（1）金融业混业经营由于具有服务项目多样化、规模效率高、调整灵活、易顺应环境变化以及金融创新空间大等客观优势，已被世界上越来越多的金融机构所采用。

（2）过度的金融创新使交易对手、信贷机构、评级机构、监管机构都无法准确地评价新业务独立风险。诸如“次级按揭贷款”、信用违约掉期等创新工具最终脱离了金融监管的范围，使得经营复杂金融产品的金融机构杠杆率过高，最终导致金融风险集中爆发。而且危机一旦发生，由于资本纽带和担保关系将引发新老业务的风险串联，使得金融风险扩大。

1.3　美国的投资银行的历史

1.3.1　起源于欧洲及中心的转移：1929年的“镀金时代”

投资银行的历史同时也是金融界一些著名人士的历史。比如J.P.摩根公司是在世界上享有盛誉的一家综合性金融公司，主要提供商业银行、投资银行和其他各种金融服务。公司的资产规模位列美国500强企业的第20，而且是全球金融机构中信用评级最高的公司之一。J.P.摩根公司经营商业银行业务的子公司纽约摩根担保信托公司是美国唯一获得3A信用评级的商业银行。J.P.摩根银行创立于1862年，创立者J.P.摩根是当时金融市场的佼佼者，他通过对铁路和公用设施的融资建立其金融帝国。

高盛集团是一家国际领先的投资银行，向全球提供广泛的投资、咨询和金融服务，拥有大量的多行业客户，包括私营公司、金融企业、政府机构及个人。高盛集团成立于1869年，是全世界历史悠久、规模大的投资银行之一，总部位于纽约，并在东京、伦敦和香港设有分部，在23个国家拥有41个办事处。1885年，马库斯·高曼成为第一个为小公司发行商业票据的投资银行家，他是著名的投资银行高盛公司的创始人。19世纪末，许多欧洲银行通过高盛向美国公司投资。1850年莱曼兄弟公司建立，后来也逐渐发展成为著名的投资银行。高盛通过给美国著名的烟草公司——美国雪茄公司和当时最大的零售商店西尔斯百货发行股票，确立了其声望。

1.3.2　从1929年到1940年：被捆绑的时代

《1933年银行法》是美国商业银行和投资银行分业的起始。1929年10月，华尔街股市暴跌，人们第一次意识到商业银行投机活动对股票市场的影响。商业银行当时将自有资金投入证券市场，同时利用各种方法促使其客户认购其承销的证券。为防止商业银行活动影响资本市场，美国在1933年和1934年通过一系列立法，从根本上改变了美国金融业的面貌。1933年通过《格拉斯–斯蒂格尔法案》，要求银行在商业银行和投资银行业务之间做出选择，商业银行只能进行存款、信贷业务，投资银行只能进行证券承销。这就在商业银行和投资银行间设立了一条不可逾越的“长城”。1933年通过的证券法和1934年通过的证券交易法，确实为美国政府对市场经济和投资银行进行管理和监督奠定了法律基础。投资银行业的发展进入了完全不同的阶段。

J.P.摩根银行一些从事证券承销业务的人员因此离开摩根，并创立了专门的投资银行即摩根士丹利。波士顿当时最大的银行——第一波士顿国民银行也做出了同样的选择，投资银行第一波士顿随之产生。

1.3.3　《1999年金融服务现代化法案》分业的结束

20世纪五六十年代，投资银行得到长足的发展和繁荣。20世纪60年代前，资本市场投资主体是个人投资者，20世纪60年代后，市场兴起并发展了机构投资者，诸如互惠基金、保险公司等。在这一时期由于需要更多的自有资本支持其运作，投资银行纷纷上市发行自己的股票进行融资。

为了使发行者和投资者得到最大回报，投资银行设计了很多新的投资工具，新的金融工具和新科技的结合使得投资银行的业务进入了一个新的繁荣时期。20世纪60年代，欧洲出现并迅速发展了欧洲美元市场。20世纪70年代，全球通胀率上升，大大改变了投资银行的业务范围。原本应用于农业领域的期货、期权开始作为新工具用于金融领域。科技的发展、信息的迅速传播以及金融工程的发展，使得新的金融产品不断出现，金融创新成为20世纪70年代华尔街的主旋律。

20世纪70年代后，商业银行和保险机构发现其储蓄存款纷纷流向新的货币工具，如互惠基金。商业银行和投资银行间的竞争愈来愈激烈，商业银行努力突破《格拉斯-斯蒂格尔法案》，以图进入利润率很高的投资银行领域。80年代，市场的证券公司规模愈加扩大。90年代，全球投资银行之间的合并日益增加，因为市场和投资者已经全球化，很多大的投资银行相信《格拉斯-斯蒂格尔法案》最终会被取消。

1.3.4　2008年至2017年："重新洗牌"与投资银行业的兴亡

2009年，摩根大通、摩根士丹利和高盛公司在一场全球性的金融危机中艰难生存下来，取代原华尔街五大投行，成为全球投资银行业最具实力的三家公司。高盛和摩根士丹利也转型为金融控股公司。

2008年经济危机爆发，由于次贷风险和美国主权债务风险迅速上升，造成整个金融体系岌岌可危，对金融机构带来巨大冲击。[1]原五大投行之一的雷曼兄弟公司宣布破产，第三大投资银行美林被美国第二大商业银行美洲银行（也译成美国银行）收购，世界投资银行业重新洗牌，全能银行成主流。美国联邦储备委员会在2008年9月21日晚间宣布：批准高盛和摩根士丹利转为银行（金融）控股公司。高盛和摩根士

[1] 马宇.美国主权债务风险研究［M］.北京：中国金融出版社，2017.

丹利变成了受监管的银行。这是自1933年的《格拉斯–斯蒂格尔法案》颁行以来，投行所遭遇的最具灾难性的转变的一部分。

市场的混乱给其他机构带来了进入投资银行业务领域的机会。近年来，私人股本公司、对冲基金和投资银行的金融服务趋同。拥有私人股本和对冲基金业务的高盛并不比收购公司黑石（Blackstone）更像一家投行。黑石亦拥有咨询专家和另类投资基金。这些差别的模糊已引领另类投资公司进入了投资银行领域。随着现有投行的重新调整，黑石、KKR及其他对冲基金公司无疑会看到更多机会。

投资银行在市场中遭受的打击非但不会导致其灭亡，反而可能使投资银行业恢复至以往的水平。过去十年，在大力追逐本金投资和自营交易利润的过程中，包含了为客户提供公司金融和投资事务方面的咨询。在喧闹的牛市中，投资银行将自营业务与客户业务混淆在一起。在它们恢复元气时，投资银行也许会远离一些给它们带来这些问题的结构性金融产品，重新专注于曾经的核心业务。

1.4 中国的投资银行

1.4.1 中国投资银行按背景分类

（1）有银行背景的证券公司或银行作为主要股东的股份制证券公司。

全国性的投资银行最具代表性的是以银行系统为背景的证券公司，如华夏证券、南方证券和海通证券，主要股东分别为中国工商银行、中国农业银行和交通银行。

（2）信托公司下属的证券公司或证券部。

以国务院直属或国务院各部委为背景的信托投资公司，如中信集团下属的中信证券，中国信达信托公司下属的证券部，中国民族信托、信息信托、煤炭信托等下属的证券部等。

（3）地方出资组建的股份制证券公司。

地区性的投资银行主要是省市两级的专业证券公司和信托公司，如江苏证券、湖北证券等。

（4）商业银行附属的投资银行机构。

由于商行不能直接从事证券业务，各行通过成立全资附属的子公司或者收购境外的机构来涉足投资银行业务，例如招商证券、光大证券，中国银行下属的中银国际（香港）。

（5）中外合资投资银行机构。

中国国际金融公司成立于1995年，中银国际控股有限公司成立于

2002年。

（6）民营性的投资银行。

主要是一些投资管理公司、财务顾问公司和资产管理公司，它们绝大多数是从过去为客户提供管理咨询和投资顾问业务发展起来的，并具有一定的资本实力，在企业并购、项目融资和金融创新方面具有很强的灵活性，正逐渐成为中国投资银行领域的又一支中坚力量。例如：华兴资本、易凯资本、绿桥资本、汉能投资、贝祥投资等。

（7）其他提供部分投资银行专业中介服务的机构。

提供部分投资银行专业中介服务的机构包括具有证券资格的会计师事务所、律师事务所、资产评估机构和专业咨询公司等。

1.4.2　中国商业银行的投行业务

中国投资银行的现状可以简单表述为分离经营、分业监管。这一模式能降低金融体制运行中的风险，有益于证券市场的公正与合理，有利于专业化分工。从中国经验来看，混合经营是中国投行的必由之路。从模式上来看，混合经营又具有很强的优势，能够充分利用资源，具有规模效益，扩大利润来源，并通过多元化经营降低风险。混合经营能实现信息共享，加强竞争，优胜劣汰，促进社会总效应上升。

现阶段，国内商业银行投行业务的机构设置主要有两种。其一，是设立单独的投资银行部，业务近似于内部综合经营的全能型银行。这样的商业银行包括工商银行、建设银行、浦发银行、兴业银行、招商银行等。其二，是将其投行业务下设至资金营运部或公司银行部。这样的商业银行包括中国银行、农业银行、民生银行、中信银行等。

由于国内各家商业银行的发展程度、筹建历史、管理模式等的不同，其投行业务的种类和业务范围差别也较大。一些商业银行的投行业务相对成熟，产品种类也较为丰富，如工商银行、建设银行等；一些商业银行则是将某一种投行业务发展得非常成熟，如中国银行的财务顾问业务、交通银行的短期融资券业务等；更多的商业银行，尤其是一些规模较大的城市商业银行，虽然开展了一些投行业务，如项目融资业务和银团贷款业务等，但其并没有将这些业务作为投行业务进行管理，导致了业务效率较低，不能成为银行新的利润增长点。从中国主要商业银行开展投行业务的范围看，不难发现，当前中国商业银行开展的投行业务大多集中在项目投融资、财务顾问、银团贷款、短期融资券等领域。

面对日益复杂的金融环境，商业银行开展投行业务可以有效提高其竞争力，扩大生存空间，增强客户忠诚度。但是，由于当前国内投行业务发展较为滞后，并受制于银行分业经营的限制，商业银行开展投行业务面临许多困难和挑战。但我国大型商业银行参与资本市场业务，是大势所趋。

参考文献

［1］张文博.进一步发展商业银行投行业务［EB/OL］.和讯网，（2015-04-15）http：//bank.hexun.com/2015-04-15/174982062.html.

［2］2015年度投资银行+证券公司排行榜汇总［EB/OL］.CFA，http：//zhan.renren.com/cfachn?tagId=143230&page=1&checked=true.

［3］秦嘉敏.证券业收入缩水利润腰斩　中信证券维持龙头地位［EB/OL］.金融界，（2017-03-23）http：//finance.jrj.com.cn/2017/03/23154922217967.shtml.

［4］滕红雨.美国金融业分业混业经营体制变迁及对我国的启示［J/OL］.吉林大学，（2004）http：//xueshu.baidu.com/s?wd=paperuri%3A%28b3b897ef3525bca28dff07c304560058%29&filter=sc_long_sign&tn=SE_xueshusource_2kduw22v&sc_vurl=http%3A%2F%2Fcdmd.cnki.com.cn%2FArticle%2FCDMD-10183-2004098412.htm&ie=utf-8&sc_us=13683112772995063868.

［5］张永波.美德英全能银行发展模式比较分析［D］.吉林大学，2008.

［6］马宇.美国主权债务风险研究［M］.北京：中国金融出版社，2017.

［7］同生辉.金融之巅：美国投行兴衰史［M］.北京：中国发展出版社，2012.

［8］2018年版中国投资银行行业深度调研及发展趋势分析报告［EB/OL］.中国产品调研网，http：//www.cir.cn/R_QiTaHangYe/37/TouZiYinHangHangYeXianZhuangYuFaZhanQuShi.html.

［9］李建伟.普惠金融发展与城乡收入分配失衡调整——基于空间计量模型的实证研究［J］.国际金融研究，2017（10）：14—23.

第 2 章　发行市场的管理制度

2.1　发行市场公募与私募的差别

IPO市场是股权融资的公募市场，也是私募股权退出投资的最重要机制。在这个生存链条里，最终的二级市场投资人持股是归宿，向前延伸的初始投资人是风投和PE投资。中间以这个链条为生的有各种基金、券商，以及律师、会计师事务所和各类投行机构。

（1）什么是公募和私募。

《证券法》规定：证券发行对象累计超过200人即为公开发行，或向社会不特定公众发行即为公募。《证券投资基金法》第88条规定：非公开募集基金应当向合格投资者募集，合格投资者累计不得超过200人。

公募又称公开发行，是指发行人通过中介机构向不特定的社会公众广泛地发售证券，通过公开营销等方式向没有特定限制的对象募集资金的业务模式。无合同份数和起点金额限制。由于涉及众多中小投资人的利益，监管部门对公募资金的使用方向、信息披露内容、风险防范要求都非常高。

各国对公募发行都有严格的要求，如发行人要有较高信用，并符合证券主管部门规定的各项发行条件，经批准后方可发行。公募的载体包括股票、债券、基金等多种形式。

（2）中国的私募市场。

股票的私募。私募是相对于公募而言，在美国私募是指向小规模投资大户（通常35个以下）出售股票，此方式可以免除如在美国证券交易委员会的注册程序。投资者要签署一份投资书，声明购买目的是投资，而不是为了再次出售。私募债券、私募基金则适用于不同条款。

中国的私募市场受《证券法》《信托法》《证券投资基金法》《私募投资基金监督管理暂行办法》等规范。其中股票市场私募以定向增发为代表。债券市场私募有“小公募”和私募之分，基金的私募市场则以基金私募产品为代表。

（3）中国股票市场的私募：定向增发。

定向增发是上市公司向符合条件的少数特定投资者非公开发行股份的行为，要求发行对象不得超过10人，发行价不得低于公告前20个交易市价均价的90%，发行股份12个月内（认购后变成控股股东或拥有实际控制权的36个月内）不得转让。定向增发始于1998年，2006年5月8日新《上市公司证券发行管理办法》实施后，逐渐成为主流股权再融资方式。

当前，市场上定向增发分为以下几类：

①资产并购型定向增发。对于流通股本较小的公司通过定增、整体上市增加公司的市值水平与流动性。首先，整体上市对业绩有增厚作

用。整体上市条件下，鉴于大股东持有股权比例大幅度增加，未来存在更大的获利空间，所以在增发价格上体现出了一定的对原有流通股东比较有利的优惠。其次，提升价值。减少关联交易与同业竞争的不规范行为，增强公司业务与经营的透明度，减少了控股股东与上市公司的利益冲突，有助于提升公司内在价值。最后，增加市值与流动。对于部分流通股本较小的公司通过定向增发、整体上市增加了上市公司的市值水平与流动性。

②财务型定向增发。通过定向增发实现外资并购或引入战略投资者。

③增发与资产收购相结合。上市公司在获得资金的同时反向收购控股股东优质资产。

④优质公司通过定向增发并购其他公司。

案例：联通混改方案获证监会特批

（来源：网易财经）

2017年8月20日，中国联通集团下属A股上市公司中国联合网络通信股份有限公司发布了《中国联通关于混合所有制改革有关情况的专项公告》（以下简称《公告》）。《公告》正式披露了混合所有制改革试点总体方案和拟改革的内容要点。交易全部完成后，联通集团合计持有公司约36.67%股份，新引入战略投资者合计持有公司约35.19%股份。根据中国联通披露的定增预案，此次发行的定价基准日为该公司第五届董事会第十次会议决议公告日（2017年8月21日），非公开发行股份数量超过发行前总股本的40%。

证监会发文称，中国证监会经与国家发展和改革委员会等部门依法依规履行相应法定程序后，对中国联通混改涉及的非公开发行股票事项作为个案处理，适用2017年2月17日证监会再融资制度修订前的规则。“因为联通混改具有先行先试等重大意义，证监会对其给予了特殊政策支持。对于一般国有企业来说，其混改较难获得这种特殊对待。”

根据《公告》，中国联通拟向战略投资者非公开发行不超过约90.37亿股股份，募集资金不超过约617.25亿元；由联通集团向结构调整基金协议转让其持有的本公司约19.00亿股股份，转让价款约129.75亿元；向核心员工首期授予不超过约8.48亿股限制性股票，募集资金不超过约32.13亿元。上述交易对价合计不超过约779.14亿元。也就是说，中国联通混改主要由三部分构成：定向增发新股、转让旧股和员工激励。

根据此方案，交易完成后，联通集团对中国联通A股的持股比例将从原来的63.7%降低到36.7%。

从中国联通的定向增发的原因进行分析，是属于财务型定向增发，即通过定向增发实现外资并购或引入战略投资者。财务型定向增发首先是有利于上市公司比较便捷地实现增发事项，抓住有利的产业投资时机。其次，定向增发成为引进战略投资者，实现收购兼并的重要手段。此外，对于一些资本收益率比较稳定而资本需求比较大的行业，如地产、金融等，定向增发由于方便、快捷、成本低，容易得到战略投资者认可。

（4）私募基金关于合格投资者的界定。

《私募投资基金监督管理暂行办法》中规定：“私募基金管理人、私募基金销售机构不得向合格投资者之外的单位和个人募集资金，不得通过报刊、电台、电视、互联网等公众传播媒体或者讲座、报告会、分析会和布告、传单、手机短信、微信、博客和电子邮件等方式，向不特定对象宣传推介。”

“合格投资者”标准，即具备相应风险识别能力和风险承担能力，投资于单支私募基金的金额不低于100万元，且个人金融类资产不低于300万元或者最近三年个人年均收入不低于50万元人民币；并且对私募基金以及其平台销售的私募投资基金有一定的了解，是基金的优质注册客户。

2.2　发行的管理制度

由于各个国家在规范发行者的筹资行为方面的管理思路不同，形成了不同国家证券发行管理制度的差别，主要内容体现在发行方式、证券审核制度、信息披露制度等方面，其中根据发行方式不同一般分为注册制、核准制、审批制、混合制等。但无论各国政府的管理思路有什么样的差别，对于发行公司的过去、当前和未来的评判都有相似的理念，而这也形成了证券发行的管理制度门槛和上市标准。

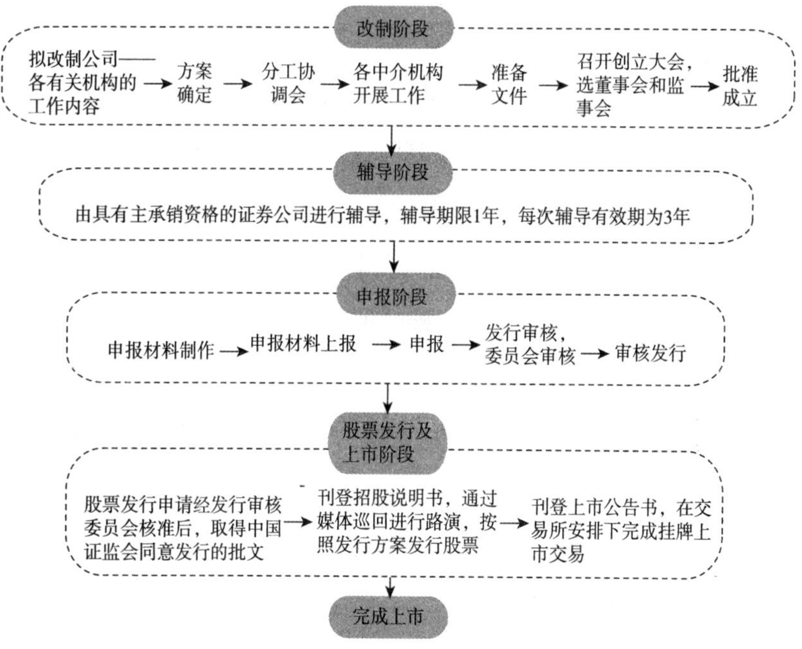

图2–1　证券发行的四个阶段

2.2.1 证券发行管理制度的代表性市场

（1）采用股票发行注册制的国家和地区及其情况。

早在20世纪，美国的《1933年证券法》就确立了证券发行上市的注册制度。但美国对于证券发行在联邦层面上采用注册制，在各州采用的却是实质性的审核，即由州证券监管机构对计划在本州推销的证券的发行申请进行审核。美国实行进入门槛较低的注册制，其背后是有配套体系支撑的：一是诉讼机制完善，集团诉讼盛行，很多纳税人也有自己的律师；二是有着“Muddy Water”“Ctitron”等较大的专业做空机构；三是事后惩罚措施十分严格。一旦发生问题，不仅公司会被追究责任，相关保荐人也可能面临被取消保荐资格等严厉惩罚。此外，美国股市中大多是机构投资者，相对个人投资者更加专业、更加理性；美国政府部门的民事救济也比较及时到位。因此，股票注册制在美国较为成功。

日本、新西兰、瑞典和瑞士等国，以及中国台湾实行注册制。日本在1948年参照美国《1933年证券法》和《1934年证券交易法》制定了《证券法》，实行注册制。但是，在上市监管方面，日本各大证券交易所对拟上市公司的IPO仍有实质性的审核权力。

我国台湾地区在由核准制到注册制转变的过程中，曾经采用核准制与注册制的混合形式，而最终在2006年开始实行注册制，是在银行存贷款利率市场化、汇率自由化、金融机构完全采用市场机制以及证券市场国际化进程不断加深等前提条件下完成的。

（2）采用股票发行核准制的国家和地区及其情况。

在股票发行、上市制度上，中国、英国、法国、瑞士等国家，以及东南亚等一些新兴经济体一般采用的是核准制，或带有核准制的印记且监管机构的审批起决定性作用的发审制度。以英国为例，英国证券市场采用的发行与上市制度是核准制。伦敦交易在自治的同时受政府管理。一方面，交易所维持证券市场秩序，促成各项交易有序进行，保护投资者利益；另一方面，对股票发行与上市进行审查，并在股票上市后对其进行持续的监督管理。

（3）采用股票发行“混合制”的国家及情况。

德国的股票发行与上市审核制度是注册制与核准制相结合的混合制，即在交易所上市的证券实施核准制，不在交易所上市的证券实施注册制。针对未申请上市和申请上市两大类不同性质的股票，采取不同的发行与上市审核制度。对于发行股票未申请在交易所上市的公司，由联邦证券交易监管局进行审核，采取注册制。对于发行股票并申请上市的公司，采取核准制，由交易所对发行公司进行实质性审查，并对股票发行与上市同时进行核准。

从世界各成熟资本市场的情况来看，很多时候注册制与核准制是并存的。成熟资本市场有美国、日本实行注册制的，也有德国、英国、中国等实行核准制的，即使是更加市场化的注册制，往往在某些重要环节也含有核准制的实质性审查。同时，注册制的形成也需要具备一定的前提条件。比如，发达的资本市场及与之匹配的较充分的市场化利率、汇率等。应该说，这两种制度并没有明确的好坏优劣之分，而是都需要相应的配套体系，并且最主要的是要适应各国（地区）的国情、市场。

2.2.2　中国的发行管理制度：核准制

我国证券市场新股发行审核制度经历了一个不断探索的过程，最早为额度配给制，后又经历了审批制以至现行的核准制。我国现代证券市场始于1990年。1992年，中国证券监督管理委员会成立，我国开始实行证券（主要是股票）发行的规模控制与实质性审查制度。1992—1996年，新股发行是由国家下达发行规模，并将发行指标分配给地方政府，以及各中央企业的主管部门，然后由地方政府或者各中央主管部门在各自的管辖范围内，或者行业内，对申请上市企业进行筛选，经过实质审查并且基本合格后，报国家证监会批准，这段时期实行的即是新股发行“额度制”。1996年以后，我国开始实行“总量控制，集中掌握，限报数家”的办法。

1999年9月16日，国家证监会颁布实施《股票发行审核委员会条例》；2000年3月17日，国家证监会颁布实施《股票发行核准程序》，我国股票发行审核制度进入了核准制。2013年《中共中央关于全面深化改革若干重大问题的决定》及2014年《关于进一步促进资本市场健康发展的若干意见》均指出，将逐步推进股票发行注册制改革。

所谓新股发行注册制，是指发行人申请发行股票时，必须依法将公开的各种资料完全准确地向证券监管机构申报。证券监管机构的职责是对申报文件的全面性、准确性、真实性和及时性做形式审查，但不对发行人的实际运作、盈利能力等情况进行实质性审核和价值判断，而是完全由市场来分析判断。新股发行注册制不意味着降低发行标准，而是要加强法制监管，平衡市场与政府的职责，促进金融和实体经济的共同发展，即注册制的真正实施需要一定的条件，否则就会面临风险。

中国核准制下发行的弊端有：

（1）过度包装。上市公司依赖公关力量，将一些业绩平庸甚至存在隐忧的风险资产包装起来，上市定价背离其真实估值。

（2）利益合谋。发行人和中介机构通过利益合谋，超额募资。

（3）权力寻租。在核准制度下，由于创业板拟上市公司主业多样、业态复杂、专业性强，致使创业板审核标准宽泛，对成长性、创新性等标准的解释空间过大，发审委有很大的自由裁量权，权力寻租现象严重。

（4）新股发行进度行政化（即非市场化），导致二级市场对IPO堰塞湖的巨大担忧。

（5）相对于一些创业板企业来说，发行审核过程过于烦琐，周期长，一些企业没有实现及时融资，还分散了企业生产经营的注意力，错过了发展机会，损害证券市场投资者的利益，不利于中国股票市场的健康发展，最终弱化中国股票市场融资功能，影响宏观经济的健康发展，并导致了“三高”问题，即高市盈率、高股价、超高募资。

由于注册制和核准制都存在各自的优势与不足，加之经济全球化的推动，西方各国近年来出现了两种立法逐步融合的趋势，注册制与核准制正彼此借鉴、共同发展、不断完善。

纵观世界资本市场，注册制与核准制本身并无明显优劣之分，其目的都是完善证券市场，更好地兼顾投资者利益以及公司利益。由于我国股价偏高，国有股及国有法人股还有相当部分限售，社保基金等也持有了相当比例的 A 股股票等原因，短时间内一旦注册制实施，带来的不仅是股价的大幅下跌，更是我国国有资产的严重流失。此外，我国股市投资者以散户居多，专业投资水平有限，上市公司很可能与保荐机构等中介合谋，上市圈钱，欺骗投资者。

在我国发行监管向注册制迈进的过程中，要采取合理措施防范以上风险。

（1）以实质审核与注册制相结合的方式为过渡期，注册制暂时不确定时间表。考虑到我国证券市场相对高的股价以及大量中小企业的上市需求，注册制的实施要渐进推行。在目前监管、法律法规等不到位的情况下，注册制实施暂时不确定时间表。可以借鉴我国台湾地区和德国的制度，以实质审核与注册制相结合的方式为过渡期，随着我国市场的逐步完善而推进注册制的最终实施。

（2）尽快将国有股等国有资产合理减持、变现。我国的国有股及国有法人股有相当部分是限售的，社保基金等也持有了相当比例的A股股票，这些股份关系着民生保障问题，要在注册制实施前合理减持、兑现，避免在注册制实施后由于股价的大幅下跌而造成国有资产大幅缩水。

（3）引进做空机制及强制退市机制，把风险控制在可控范围内。为了应对注册制会带来上市公司良莠不齐的风险，我国应该引进更现实可行的做空机制。目前虽然有股指期货，但是对于中小散户而言，其门槛还是比较高的。我们要建立适用于所有投资者的低门槛做空机制。同时要建立一套强制退市机制，对于长期亏损、业绩表现差等触发强制退市机制的公司要进行及时合理的处理。

（4）进一步加强监管，从严从重打击弄虚作假等证券犯罪行为。目前我国法律法规对于弄虚作假等证券犯罪行为的惩罚力度，不管是相对于国外相应的惩罚力度，还是相对于犯罪本身带来的收益来讲都太小。我们要尽快完善相关法律，加大惩罚力度，严厉打击犯罪行为。对于保荐等中介机构不仅要严厉惩罚保荐代表人，更要对机构做出有力惩罚，以保证“公平、公正、公开”的原则在证券市场能真正得到实现。

参考文献

［1］沈朝晖.流行的误解："注册制"与"核准制"辨析［J］. 证券市场导报，2011（09）：14—23.

［2］谢百三，刘芬.中国近期股票发行实行注册制的风险与对策［J］. 价格理论与实践，2014（04）：10—13.

［3］郭万明.从注册制与核准制之争到监审分离：论新股发行市场化改革路径［J］. 西安电子科技大学学报（社会科学版），2013.

［4］李妍.承销商声誉与IPO抑价的实证研究——基于中国股票发行定价方式变迁［J］. 湖南科技学院学报，2011，32（09）：109—112.

［5］联通混改方案为何获证监会特批？［EB/OL］. 中国新闻网，（2017-8-21）http：//www.chinanews.com/cj/2017/08-21/8309992.shtml.

［6］马宇.美国主权债务风险研究［M］. 北京：中国金融出版社，2017.

［7］李建伟.普惠金融发展与城乡收入分配失衡调整——基于空间计量模型的实证研究［J］. 国际金融研究，2017（10）：14—23.

第3章 债券发行的新贵与资产证券化的水有多深

3.1 债券为什么需要评级

3.1.1 信用评级的内涵和作用

信用评级是利率市场化条件下风险定价的主要依据，信用评级一方面代表了发行公司的信誉和偿债能力，使发行公司降低筹资成本；另一方面，使投资者免于信息不对称的风险，保护其投资利益。

信用评级的内涵包括四个方面：

（1）信用评级包括两个评级，即主体评级和债券评级。

主体评级评价债务人的偿债能力和意愿，以及预期盈利，包括负债水平，能否按期偿还本息，资信状况，即金融市场信誉、历次偿债情况。债券评级针对债券本身能否得到偿还的评价，反映债券还本付息能力的强弱，投资风险的高低，是债券信用评级的核心内容。

（2）信用评级根本目的是揭示受评对象违约风险的大小，而非其他类型的投资风险，如利率风险、通货膨胀风险等。反映投资者承担的风险水平、破产可能性大小、破产后债权人所能受到的保护程度、破产后债权人能得到的投资补偿程度。

（3）信用评级是评价经济主体按合同约定如期履行特定债务或其他经济义务的能力和意愿，而不是企业的价值或经营业绩。

（4）信用评级是独立的第三方信用评级机构利用其自身的技术优势和专业经验，就各经济主体和金融工具的信用风险大小发表的一种专家意见。信用评级为投资者提供专家意见，而不是代替投资者做出投资选择。

信用评级的作用主要表现在三个方面：

（1）降低投资风险。

由于中小投资者不可能获得证券发行人的全部信息，因此难以对众多证券进行精确分析和选择。通过评估机构对拟发行的债券还本付息的可靠程度进行客观、公正和权威的评定，可以加强贷款人与借贷人之间的信息沟通，提高证券投资和交易的质量，降低投资风险和监控成本。

（2）信用评级是确定融资成本的依据。

债券评级的结果往往成为债券的定价基础。在资本市场，金融工具风险与发行利率呈反方向变动，一般来说，资信等级越高的证券，越容易得到投资者的信任，能够以较低的利率发行，而资信等级低的证券，风险较大，只能以较高的利率发行。信用等级高低决定融资成本和融资数量。

（3）扩大证券交易主体的范围。

通过对证券的评级，使资本市场的参与者不仅有大的机构投资者，也有中小投资者，扩大了证券交易主体的范围，拓宽了资金来源渠道，从总体上有助于降低借贷成本、提高投资效益。

3.1.2 信用评级的历史和现状

（1）美国信用评级的历史。

美国信用评级制度的产生与发展是与资本市场融资活动密切相关的。美国真正的债券市场形成于独立战争时期，战争经费通过发行短期债券如信用券、公债券和国库券筹集，这些债券的发行催生了早期的债券交易市场。自19世纪初，美国资本市场先后经历了国债发行时代、州债发行时代和铁路债券发行时代。1841年，美国人路易斯·塔班就在纽约建立了第一个商人信用评级机构，随着融资活动的增多，投资主体从开始的以个人投资者为主逐渐发展到以投资银行为主，中立机构开始发行简易投资情报资料，由投资者订阅，向他们发布各种债券的优劣信息，帮助他们进行投资选择，这是信用评级的初期阶段。

20世纪30年代大危机后，人们开始日益重视证券和其他金融工具的还本付息能力，在这之前，美国资本市场上大部分公司发行的债券都是有担保的债券，但大危机中，有担保债券的发行公司因无法偿还债务而发生倒闭的情况明显高于无担保债券的发行公司，原因在于担保只是在公司发生倒闭时对实物资产回收的一种保障，并不能够降低公司发生倒闭的风险，因此投资者逐渐将注意力从实物资产担保转向企业本身的经营状况和财务状况，这使信用评级服务的理念和手段得到了进一步发展。在此期间，逐步推出了公司债券信用评级、债务工具信用评级、市政债券信用评级、商业票据信用评级等多项业务。

从20世纪70年代起，信用评级行业逐步走向成熟，主要评级机构除对各类债券、基金、商业票据等金融工具进行评级外，还对企业、金融机构、国家主权进行评级。穆迪、标准普尔和惠誉国际等公司通过兼并和收购，确立了在行业内的主导地位，并开始向国际化方向发展。

随着国际资本市场直接融资活动的增加，要求进行信用评级的国家也益愈增多。所有国家和企业若要到国际资本市场融资，必须经两家以上的评级机构评定信用级别。信用等级的高低决定了融资成本和融资数量，如果某种债券的信用级别低，美国法律规定部分养老基金和对冲基金是不能购买的，而且融资企业的信用等级一般不能超过国家的主权信用级别，这就意味着，如果国家的主权信用等级低，那么在国际资本市场融资的所有本国企业都会加大融资成本。基于此，国际专业信用评级机构的评估结果就显得越发重要。

（2）美国信用评级的行业现状。

美国目前提供信用评定服务的机构高度集中，主要有三大类：

①资本市场上的信用评估机构，即穆迪、标准普尔和惠誉国际。它们对国家、银行、证券公司、基金、债券及上市公司进行信用评级。对全球数万亿债务进行评级，提供涉及1.5万亿美元投资资产的标准普尔指数，针对股票、固定收入、外汇及共同基金等市场提供客观的信息、分析报告。

②商业市场上的信用评估机构。在商业企业进行交易，或者企业向银行贷款时提供信用调查和评估，以邓白氏公司为代表。

由于美国众多的小型商业银行对于企业信用评级指标体系的能力不足，对商业企业的信用调查和评估是由商业市场上的专业信用评估机构提供相应的服务的。商业银行目前执行的企业信用评级指标体系，从评级方法、评级指标的选择以及指标的权重看，评级时更看中偿债能力和获利能力，并不注重发展能力和创新能力。

③消费者信用评估机构。专门提供消费者个人信用调查情况。以美国的全联公司、艾可菲公司和益百利公司为代表。

近年来征信机构开始更为广泛地使用征信应用，美国的个人信用报告是每个美国成年人都拥有的，并将跟随终身。它包含四个方面的内容：第一，个人识别信息，除通常的个人信息外，还包括社会保险号、工作、职务以及雇主信息。第二，公共记录信息，包括个人破产记录、法院诉讼判决记录、税务扣押记录和财产判决记录。第三，个人信用信息，包括每个信用账户的开始日期，信用额度和贷款数量、余额，每月偿还额，以及过去 7 年的贷款偿还情况。第四，查询记录，包括查询人的名字以及查询目的。在这份报告的基础上，得出个人信用分。在美国，社会平均个人信用水平是720分。这个分数的高低直接影响美国人的生活。征信的广泛应用是市场的需求，未来会发展得越来越迅速。

来自2015年蚂蚁金服的一份研究资料显示，从益百利近年的财务报告看，其收入来源行业已经发生很大变化：现今金融业只占31%，直接面向消费者的收入占到了22%，零售业10%，而电信及公用事业、汽车、保险、媒体及高新科技、医疗服务及政府和教育占比则是3%—5%。其收入类型与过往也有了很大不同：信用服务收入从占比80%以上，下降到47%，基于信用数据衍生的决策分析收入则占到了12%，基于信用领域的市场营销服务则占19%，直接面向消费者的服务占22%。

另一家征信巨头艾可菲也将征信服务拓展到了非金融行业领域，包括五金建材、首饰、木工等手艺人、牙医、配镜师和保税、理发、摄影、化肥农药等都已经纳入其所服务的行业清单中。

美国几大征信公司的市场衍生情况说明，以前益百利主要向信贷机构提供服务，近年主要向两个业务领域延伸：一个是帮助其他行业提供客户的身份核实；另一个是"类信贷"领域，即一些行业为了吸引新客户，向消费者提供一些"类信贷"的"先使用后付款"服务，这种情况下这些行业也需要查询消费者的信用报告。近年美国的传统征信局拓展的其他领域绝大多数具有"类信贷"性质，比如移动电话的付费方式，用户先用后付费，因此电话公司需要查个人信用报告。

针对市场需求对征信产品使用范围的延伸，美国的《公平信用报告法》在1996年进行过修订，将消费者"信用信息"的使用目的从传统的"信贷、保险、就业"扩展到了执照审批、政府部门依法催收债务等其他领域，但必须"经当事人本人同意，并以书面形式委托私人代表和机构"。理论上看，在美国征信服务已经延伸到任何商业交易领域，但前提是"经信用报告主人同意"。这在美国并不是容易的事，因为美国人的个人信息保护意识较强。实践表明，信用报告主要应用领域仍是信贷、保险和其他金融业务。在美国征信业务基本饱和的情况下，美国征信局增加收入的做法有两种：一种是提升征信的数据处理技术并将其拓展到其他领域，这是合法的；另一种是扩大征信信息的应用范围，发展到灰色地带或法律禁止的地方。美国三大征信局根据市场需求得以拓展业务范围的前提条件，是他们自身不涉及信贷、保险等金融业务。

④信用评级的程序。主要的信用评级公司都遵循基本的工作程序和

操作步骤，但在具体案例上会有区别，以惠誉国际为例，评级主要有以下几个步骤。

a. 评级准备。

惠誉国际在受到银行或发债企业评级委托后，开始进行信用风险评价的准备工作，一般首先要组建评估小组，指定评估分析师，并与被评企业建立工作联系，将评估所需的资料清单发给受评企业，请受评企业按照资料清单准备评估材料，并在指定时间内提交给评估小组。

b. 实地调研。

为采集一手资料，分析师要现场访谈发债企业的管理层，访谈对象包括行政、财务、投资项目、销售、规划发展等部门的负责人，了解企业经营、管理和财务方面的情况，决策者对外部环境的分析及内部实力的把握，企业未来发展设想，决策程序、决策层的稳定性及主要决策者的详尽情况等，以对受评企业经营情况建立感性认识。此外，分析师还要对与发债企业有债权债务关系的其他部门或企业进行调查与访谈，这主要包括向企业提供贷款的商业银行、大额应付账款的债权人、企业应收账款的主要欠款方等，调查的目的是了解发债企业历史资信情况、目前债务的真实压力以及资金回笼情况等。

c. 初评。

在采集资料和实地考察的基础上，分析师根据特定的测算模型，整理数据，并输入计算机进行定量处理。同时，对行业发展趋势、政治及国家监管环境、基本经营和竞争地位、管理水平和财务状况等方面进行定性评价，初步确定受评企业的信用风险级别，并将分析报告提交给公司内部信用评审委员会进行审核。

d．终评。

信用评审委员会对评估小组提交的分析报告进行讨论、质疑、审核，评级结果必须经评审委员会三分之二以上的评审委员同意，方才有效。如果初评结果遭否决，而分析师对终评有异议，还可以启动内部上诉争议程序。

e．级别公告。

企业信用风险评级一般都以订阅的方式向外界披露。

f．跟踪监测。

为适应外部环境及条件的变化，惠誉国际还要定期对受评企业进行跟踪复评，复评一般由原项目小组人员负责实施，分为不定期跟踪和定期复评。复评一般只进行微调，除非发生重大变化，评级机构通常不对评级结果做重大调整。为保证整个过程的独立性、公正性和透明度，在惠誉内部有一套管理机制，受理评级委托的行政部门和信用等级评定部门是绝对相互独立的，行政部门只对外签订评级委托合同，但不介入评级的具体过程；分析师只根据资料进行评估，但对评估合同的费用等概不介入，不会出现“拿人的手短，吃人的嘴软”的问题。一旦签署委托合同，不管委托人对评估结果满不满意，惠誉都保留对外界发布评估结果的权利，保证对公众的公信力。如果委托机构真的能提供有可能对评估结果有影响的、真实的补充资料，则评估小组也可以向评审委员会申请复评。

对首次进行评级的公司而言，惠誉的评级一般需要3个月左右，在某些情况下可以加速，但也可能需要更长的时间，时间表主要取决于评级分析师可投入的时间和工作量。

3.1.3 主权信用评级分析

主权信用评级就是与国家金融安全有关的一个重要方面，它是由信用评级机构所进行的对独立政府偿还债务能力及其违约可能性的一种信用评级。马宇对美国主权债务风险进行了系统动力学仿真研究，发现美国主权债务风险主要受通货膨胀率、经济增长率、财政赤字率和利息率等影响。[1]

3.1.3.1 中国的国家主权信用评级问题

从20世纪80年代末开始，伴随着中国经济的快速发展，国际三大著名评级公司陆续对中国进行主权信用评级。中国的主权信用评级一直在提升，从最初的较低评级BBB/Baa1/A-到现在较好的评级AA-/Aa3/A+。

2017年9月中国国家信用评级由AA-调整为A+。标普将中国长期主权信用评级由AA-调整为A+，短期债评级由A-1+调整为A-1，展望由负面调整为稳定，主要理由："长时间的强劲信贷增长增加了中国的经济金融风险。"

3.1.3.2 主权信用评级如何影响实体经济

主权信用评级是与国家金融安全有关的一个重要方面，它是由信用评级机构所进行的对独立政府偿还债务能力及其违约可能性的一种信用评级。

监管部门对银行等机构的资产配置范围和比例有要求，如持有3A级债券不能低于一个固定的比例等。

[1] 马宇.美国主权债务风险研究［M］. 北京：中国金融出版社，2017.

2014年银监会明确提出评级在三级以下的机构，只能投资3A评级信用债和利率债。

Hand等研究者认为通常三大评级机构的威慑力并不一定在每次降级过程中都体现出来，而是在连续的、快速的降级过程中，尤其是在某个临界点触发的配额效应，会导致更大的金融波动。

Reinhart提出的证据表明评级机构会给金融市场提供新信息冲击，这会直接影响投资者的资产配置组合。

鉴于主权评级对市场的巨大影响力，主权评级的公正性问题也是众多国家关心的问题。

3.1.3.3　中国与相关国家信用评级

评级的对比分析方法：

（1）相同评级2A组的比较。

2A组是仅次于3A级的一个类别。

截至2017年2月，S&P的2A组包括美国和中国等18个国家。

（2）人均GDP相近国家的主权评级比较。

2015年中国的人均GDP为8086.7美元，以该数据的上下限的20%共12个国家作为比较对象（见表3-1）。

在该组中，S&P给予中国的评级是最高的AA-，那些高于中国人均GDP的国家，比如马来西亚、罗马尼亚、俄罗斯和巴西都没有中国评级高。

表3-1　2015年人均GDP相近国家的主权信用评级比较

国家名称	人均GDP	评　级	国家名称	人均GDP	评　级
苏里南	9481.2	B+	俄罗斯	8527.2	BB+
马来西亚	9302.8	A-	墨西哥	8354.4	BBB+
罗马尼亚	9194.0	BBB-	中　国	8086.7	AA-
土耳其	9001.9	BB	保加利亚	7213.5	BB+
巴　西	8790.5	BB	多米尼加	7173.9	BB-
黎巴嫩	8619.3	B-	哈萨克斯坦	7120.5	BBB-

（3）G20国家的主权信用评级比较。

目前G20代表全球总量最大的国家经济体，在这20个国家中，主权信用评级超过中国的包括AAA级的3个，AA+级的1个，AA级的3个，中国名列第8，拥有AA-级别（见表3-2）。

剩余的12个国家中，包括俄罗斯、印度尼西亚、土耳其等5国拥有BB+等评级。可见，在G20中我国的主权信用评级排名并不落后。

表3-2　中国与其他国家的主权信用评级分类比较

组别名称	金砖5国	G20国家	2A评级组	人均GDP相近国家
国家个数	5	20	18	13
中国位次	1	8	12	1

（4）金砖5国的主权信用评级比较。

金砖5国是新兴市场经济国家中最具代表性的5个国家，中国在这个组别中评级名列第1，远好于其他4国的评级。

债券信用评级现状与问题有：

（1）权威性和独立性不足。

（2）债券的信用评级往往流于形式，只是为了满足发行程序上的需要，不能真正揭示公司债券的风险特征。

（3）机构信用评级的权威性不够，中国公司债券发行数量少，且由发行人和承销商选择评级机构并支付评级费用，评级机构往往根据发行人的意愿对公司债券进行信用评级。

（4）债券信用评级市场存在问题。

①信用评级市场监管机制不够完善，存在多头监管问题。

人民银行、证监会、保监会和交易商协会都是信用评级的监管机构，信用评级对象受不同对象的监管，缺乏统一的审查标准。

②信用评级的市场环境有待改善。

利率确定未实现市场化。信用评级揭示违约风险作用的发挥受到限制。

（5）信用评级机构存在问题。

①评级机构间存在过度竞争，社会公信度有待提高。

信用评级机构较多，业务需求相对较小，机构间存在过度竞争。·些信用评级机构出于生存和利益的考虑，评级时没有客观公正的立场，评级结果缺乏公信力，难以为社会所接受。

②信用评级质量有待改善。

信用评级机构有自己一套信用评级的方法。评级指标的选择，如定性和定量指标的确认，信用评级级别的设置，信用评级的系统及程序管理方面都存在较大差异。现有信用评级体系也大都缺乏对现金流量及企业成长性的分析，这些问题都会对信用评级的质量产生较大影响。

③信用评级人员和评级机构良莠不齐。

信用评级行业人员进入没有明确的标准和考核制度，仅能从教育和专业背景进行简单判断来确定其是否具有从事信用评级工作的能力，这种标准的缺失在一定程度上导致了信用评级。

3.2　美国的债务上限和美债最大持有国中国

美国债券市场是世界上历史最悠久的债券市场之一，其在市场运行机制建设、市场功能发挥以及制度保障等多方面都非常成熟，其所取得的经验更是值得其他国家借鉴。美国债券市场开始于1790年，为了偿还独立战争的债务，联邦政府发行了8000万美元债券，这是美国债券的首次发行。其后，在1792年，美国成立了纽约股票交易所，使得美国政府债券的销售和交易更加便利，并且债券一直是交易所的主要交易品种，这意味着，纽约股票交易所在当年实际上是债券交易所，美国债券市场的发展领先于股票市场的发展。此后，出于工业化进程所配套的基础设施建设的资金需求，部分地方政府开始发行市政债券筹集资金，市政债券的扩展速度超过联邦政府债券。1929年股市大崩溃使债券为人们所接受。20世纪70年代初，美国出现"债券爆炸"时代，是利息税收优惠制度的实施和延续，进一步增强了风险低且收益有保障的债券的吸引力。20世纪80年代早期以金融创新为特征的金融工程革命，使债券的地位更加稳固。

美国多个政府部门曾警告，若不改革福利制度，预计2030年至2040年，政府税收可能不足以支付福利开支。奥巴马任职期间国会将美国政府债务上限从2900亿美元提升到了12.4万亿美元。2011年8月，由于美国政府削减财政赤字计划未达到标准普尔期望的4万亿美元标准，标准普尔降低了美国政府的3A主权信用评级至AA+级，并将评级前景定为负面，引发了全球金融业的剧烈波动。这也是从1994年以来美国政府主权信用评级首次被降低。

3.2.1 美国国债的持有机构分析

美国国债是美国财政部代表联邦政府发行的国家公债，面向全球发行，在国债中发行量最大，流动性也最好。自从发行以来，美国政府严格地执行了按月付息和到期还本的承诺，因此美国国债在全世界有极高的信用。美国国债发行量占其全部债券发行总量的40%左右。美国国债约有25%由外国政府持有。据美国财政部的统计，在“公众持有”的国债中，44%由外国投资者持有，而当中的66%是其他国家的中央银行持有。外国持有美国国债中，40%来自日本和中国，中国是美国国债最大持有国。

从2013年至2017年中国持有美国国债的情况看，2013年5月中国持有美债总额首次突破1.3万亿美元，创下历史之最。至2017年1月末中国持有美国国债规模降至1.0511万亿美元，当月减持73亿美元。2017年10月17日，美国财政部公布的数据显示，8月份中国继续增持美国国债，是美国第一大债权国。

3.2.2 美国债务上限问题

（1）美国债务上限是指美国国会批准的一定时期内美国国债最大发行额。

过去每次美国政府需要借款时，都需获得国会授权。第一次世界大战期间，立法者决定授予政府一揽子关于借款的权限，条件为联邦政府（不包括地方政府）的总借款量小于已有的数量限制。这是美国债务上限的开始，债务上限可类比为个人信用卡透支额度。

自2003年财政年度，美国国债以每年5000亿美元的速度增加。在过去的50年中，美国国债的上限被提高了74次。其中里根时代18次，克林顿时代8次，小布什时代7次，奥巴马上台后3次。美国主权债务是否已经达到无法承受的地步了呢？马宇认为，如果从国际投资头寸视角来看，美国的债务并没有达到极限，因为美国在国外有着巨额的投资资产，每年产生的收益要大于负债所付出的成本。[1]

（2）美国国债的违约性分析。

①美国国债违约的可能性极小。从1971年以来，国会已经多次批准提高债务上限，他们都很清楚美国国债违约的灾难性后果。

②国会批准提高债务上限过程可能会更加曲折。提高债务上限的谈判是一场政治游戏，共和党和民主党都有着丰富的经验。

③解决债务上限的根本出路在哪里。债务上限不是根本问题，只是一个程序问题，不是根源问题，不是结构问题，而只是一个小插曲，有关债务上限的谈判还会持续很久，直到美国财政情况好转到负债总额逐渐减少。

虽然美国自独立以来从未发生过直接主权违约，但是变相违约确实存在。有估算认为，如果美国年均通货膨胀率为6%，总债务占GDP比例在四年内将下降20%。总之，采用美元贬值和通货膨胀变相违约，早已是美国减债减赤的惯用手法。而对全球投资者来说，最终和最大的风险也正在于此。一般认为，国家债务因为有政府信用担保，所以长期来说国债不存在违约风险。

但有学者通过总结和对实证数据的分析后，说明了美国国债在美国经济状况不佳的情况下会有信用评级下降、违约风险上升的事实，而美

[1] 马宇.美国主权债务风险研究［M］.北京：中国金融出版社，2017.

国政府并没有有效的政策措施来可持续性地抵抗债务危机。所以如何规避美国国债带来的风险，或者将风险带来的损失降到最低，以及如何从长远的角度来保障外汇储备资产的安全性，是中国应对美国国债危机的主要任务。

3.3　中国企业债券的违约问题

2014年之前中国债券市场一直存在着刚性兑付，并未出现实质性违约。然而近几年中国由于经济结构调整，中国债券市场中潜在的信用风险随之显露出来，债券违约事件进入高发期。2014年3月4日，超日太阳能科技股份有限公司发布公司公告称无法按期偿还“11超日债”的利息，一石激起千层浪，一向平稳的债券市场引来无数恐慌和关注。然而，“11超日债”的违约只是打破“刚性兑付”的开端，随后2015年、2016年和2017年我国债券市场违约事件开始连环爆炸。

根据中国债券信息网发布的《2017年债券市场年报》，2017年共有44只债券发生违约，涉及20家企业，违约规模高达384.95亿元，其中企业债券违约占比高达13.98%。国际货币基金组织在2016年4月份发布的《全球金融稳定报告》中，专门分析了中国企业的债务负担和银行业不良贷款。中国的债券余额为54.3万亿，其中，政府债券和央行票据18.2万亿，占比33.4%，同业存单和金融债券19.2万亿，占比35.3%，可转债券和可交换债券合计661亿。余下的即为全部非金融企业发行的债券（以下统称企业债券），总量16.9万亿，占比31.1%，涉及发债企业4200余家，债券笔数1.54万笔。

“允许”违约后，会不会诱发系统性风险呢？答案是：不会，而且还能有效降低风险。因为债券违约高发，导致信用利差走高，债券收益率上升。

3.3.1 债券违约现状

（1）刚性兑付的概念。

信用债刚性兑付是指，当信用债出现违约风险或者预测可能违约，银行、政府等第三方机构出于机构声誉、维护经济稳定等需求，给予投资者全额兑付本金和利息的行为。

（2）债券违约的概念

广义上的债券违约主要是指发行人对发行契约中的正式合约中任意一条款的违背，主要指债券发行人不能如约履行本息兑付义务，此外，在合同中对公司转让重大资产、实行重大担保、未按规定用途使用募集资金有约定的，在发行人违反约定情形时，也应视为债券违约行为的发生。狭义上的债券违约现象，主要是指在债券市场上，发行人在本金或利息到期时却不能按时足额进行支付，从而造成投资者损失。

债券违约的具体表现形式主要包括：在债券到期日不能及时、足额偿还债券本息；企业申请破产、清算或被托管；债券发生不利于债权人的债务置换行为，即置换后的债务使得债权人的债权受到一定程度的损失，如本金和利息不同程度的减免或者展期。

（3）债券发行的规模。

我国的债券市场发展迅速，债券市场增量和存量规模不断扩大，债券融资在社会融资规模中的比重不断上升。根据中央登记结算公司发布的2005—2017年每年的债券市场年报所得数据可以看出，2005—2013年债券发行量在稳步增长，2013—2016年高速增长，而2017年债券的发行量比2016年下降15.13%。

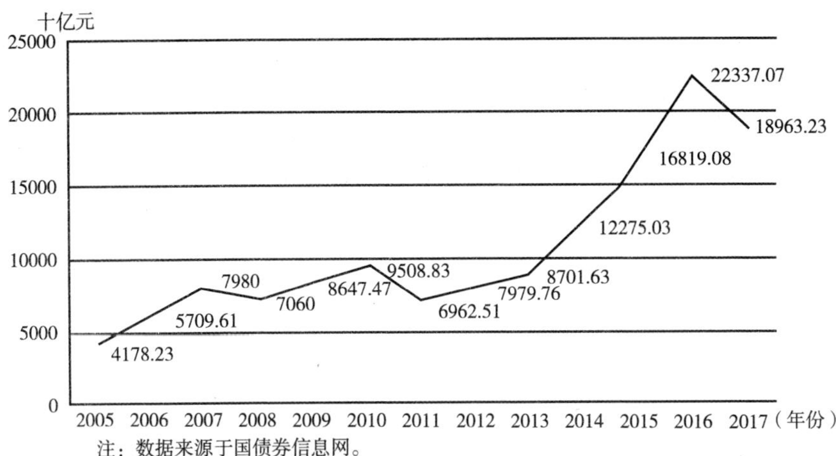

注：数据来源于国债券信息网。

图3-1　2005—2017年债券市场的发行量趋势

（4）我国债券违约现状。

我国公募债市场曾经长期存在"刚性兑付"的现象。自从"11超日债"成为我国公募债第一支实质性违约债券后，之后的三年时间里，债券违约的数量已经快速增长。据统计，2016年是债券违约集中爆发的一年，债券违约数量远超过去两年，从图3-2可以直观地看出。另外，2016年公司债总到期规模已达14万亿元，共有48支债券发生违约，是2015年的两倍多。

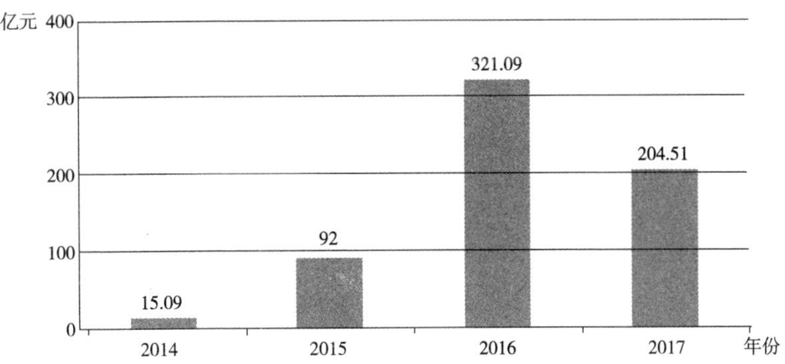

图3-2　2014—2017年债券违约金额示意

①从债券违约品种来看，表3-3中几乎涵盖了所有的债券品种，其中公司债和企业债违约数量占比为12.41%。

表3-3　2014—2017年债券违约品种

债券分类	债券违约数量	债券余额（亿元）
未分类	22	1.24
超短期融资融券	8	72.01
定向工具	23	217.41
私募债	29	38.63
一般短期融资券	16	73.50
一般公司债	5	34.23
一般企业债	12	95.75
一般中期票据	21	234.42
证监会主管ABS	1	0.71
合　计	137	767.9

②从地域分布来看，由表3-4可以看出债券违约主要集中在华东和华北两大区域。

表3–4　2014—2017年债券违约地区分布

	华　东	华　南	华　中	华　北	西　北	西　南	东　北
违约主题数量（家）	25	6	3	14	2	6	3
违约金额（亿元）	222.69	23.90	21.52	308.91	1.71	57.83	131.39

③从发行主体来看，国企占比为35%，央企达到24%（如图3–3所示）。公募债违约已经呈常态化趋势，且违约事件发生频率呈上升趋势。

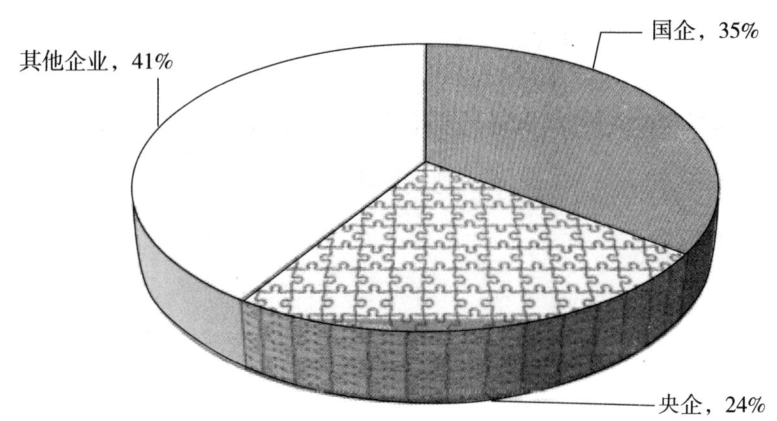

图3–3　各发行主体占比

④从行业来看，违约行业从钢铁、房地产、非金属矿物、煤炭等过剩行业向食品加工、运输等非过剩行业蔓延。

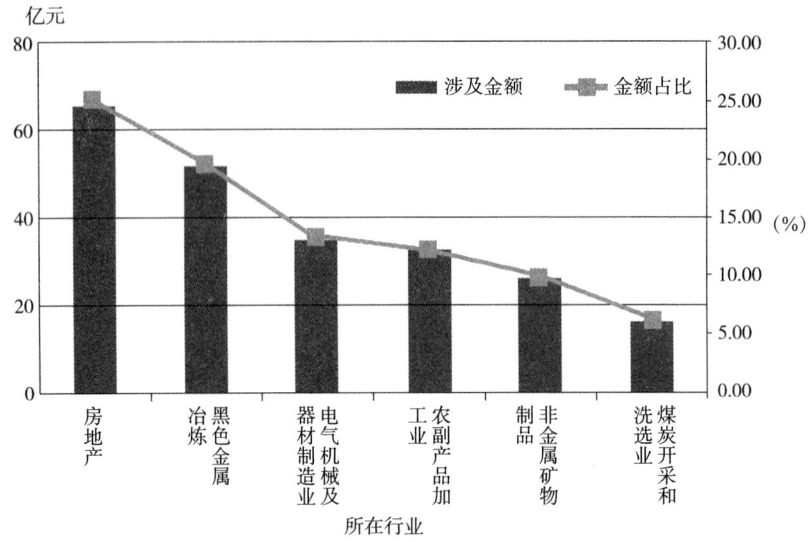

图3-4　违约金额前六位涉及的行业

未来阶段里，债券市场上信用违约事件将呈现出常态化，信用风险能够得到不断释放，有助于成熟的资本市场的形成，违约是其发展过程中必经的环节。

3.3.2　债券违约原因

（1）宏观方面。

①宏观经济处于下行周期。

经济环境处于下行趋势，这对债券市场违约事件的频发起了决定性作用。一是受国际经济环境的影响。2017年12月，美联储宣布联邦基金利率提高25个基点，将联邦基金利率目标区间上调至1.25%—1.5%，至此美联储2017年共三次加息。2018年3月22日，美联储货币政策会议决定，加息25个基点，将联邦基金利率目标区间上调至1.5%—1.75%。我国外汇储备因此出现连续下降，人民币汇率出现一定幅度的贬值，这将对我国公司债券市场造成一定的冲击。二是受国内经济环境的影响。自2008年美国次贷危机以来，我国采取了4万亿的刺激政策来抵抗经济衰退，其间虽是维持了高增长，但也积聚了较多的问题：部分行业产能过剩、债务高企。自2011年2季度以后经济增速持续下滑，进入“次高速增长”阶段，行业增加值增速也随之步入下行轨道。导致这些行业营业利润急速下降，流动资金趋于紧张，难以如期兑付到期债务本息。

②供给侧结构性改革的大力推动。

自从2015年供给侧结构性改革开始，近几年形成了以“去产能、去库存、去杠杆、降成本、补短板”为核心的战略任务。而在提出的五大任务中，去产能居于首位。在国际经济均处于下行趋势、我国经济进入转型升级阶段的形势下，工业领域产能过剩问题日趋严重，盈利持续负增长，特别是钢铁、煤炭、石化等部门。其中诸如东北特钢、华昱集团、山东山水集团、亚邦集团、天威集团，除了已经发生违约的几支债券外，还有一部分即将到期的存量债券，这些公司经营成本高，效益差，流动性严重不足，偿债压力加大。

③债券的评级未真实反映信用风险。

信用评级是独立于债务人和债权人的中介机构，对债务人是否能够和愿意按期全部偿还债务本息进行评价，评级结果用规定的评级符号表示违约风险和损失的程度。中国的债券评级机构按照债券的期限将评级分为短期和中长期信用等级。现今，中国债券市场的信用评级存在着评级普遍较高的情况。

截至2016年12月底，中国债券市场共有4917支公司债券，发行时债券评级都是在A+以上，表3-5中列举了债券发行时评级机构做出的评级鉴定。值得一提的是，AA级别的债券数量最多为2257支，占总数的45.9%。

表3-5　债券发行时的评级情况

评级级别	AAA	AA+	AA
数量（支）	1252	1322	2257

随着中国债券市场违约事件的频发，市场上的投资者对债券评级的独立性、公正性和准确性产生了怀疑。因为中国不完善的金融市场存在着严重的信息不对称现象，投资者在进行债券投资时需要通过独立的第三方对发行人的偿付意愿和能力进行客观的评级。但是，就目前的违约情况来看，中国债券的高评级并没有真实地揭示出债券的信用风险。

根据2016年的评级结果计算表，我国公募债券市场发行人主体违约率为52%，具体情况见表3-6。

表3-6　信用评级与违约情况

信用评级	AA+	AA	AA−	A	BBB	BBB−	BB	BB−	B−	C
违约率（%）	0.29	0.29	0.65	15.79	4.35	7.69	5.88	25	100	20

④第三方兜底意愿降低。

我国公司债券市场鲜有真实违约，但这并不意味着我国债券市场发展成熟，以政府为主的第三方为防止出现违约会帮助企业实现兑付，最后使市场形成刚性兑付的局面，致使出现信用评级的连续下调，部分投资者仍是视而不见，甚至进行逆市投资。刚性兑付潜规则扭曲了资产定价机制，阻碍了违约处置市场化进程，违背了资本市场的发展要求，致使债券市场缺乏商事信用。长期由第三方提供隐性担保也使投资者把对债券市场的投资视为一种储蓄行为，出现违约时，会有第三方进行兜底，可以获得比银行存款还要高的收益。在信息不对称的情况下，发行者是拥有信息优势一方，由于第三方兜底的情况存在，发行方会做出有利于自己不利于第三方的选择。由此可以看出，刚性兑付使市场参与者形成错误的认识，引发逆向选择和道德风险，造成市场失灵，也使资本市场面临着较高的系统性风险。

（2）微观方面。

①企业自身经营能力较差。

面临严峻的经济形势，企业自身存在的诸多问题开始暴露。一方面，部分企业在经济环境变化时想要通过业务转型来获取新的现金流，以此来弥补经营上的亏损，但在拓展新业务领域过程中，出现了随意转型、盲目扩张，这种错误的战略决策、低效的经营管理使转型投入成本高、新增债务多、资产流动性大幅下降，最终导致偿债困难。湘鄂情餐饮公司就是其中一例，在外部环境恶化的情况下，公司开始由固有的高端向中低端转型，但转型未能弥补之前业务上的亏损。公司又向环保、文化传媒、互联网大数据等方向转型，由于缺乏经验，致使公司现金流大量流失，也使公司财务状况进一步恶化，最终导致偿债能力的损失。另一方面，部分企业公司管理较弱，公司内部矛盾不断扩大，导致生产经营缺乏稳定性，进而影响偿债能力。以山东山水集团为例，水泥行业下滑，但该企业自身的经营较为稳健，然而在经历持续一年的激烈控制权争夺战之后，公司出现了高度紧张的现金流，债务融资也面临着连锁性的违约。

②市场信用风险传导效应凸显。

中小企业之间大多都存在着互保、联保，这种模式为中小企业的转型、升级都能够带来必要的资金支持，大大降低了企业的融资成本，也提升了企业的信用资质。但这种模式也存在着严重的弊端，在经济处于下行周期时，信用违约风险的传导效应极其明显，互保、联保作为一种环环相扣的担保模式，一旦其中“一环”即一家企业出现沉重的债务负担，面临信用风险时，很快就会牵连到其他效益较好的优质企业。这种“抱团融资”最终将可能演变成“火烧连营”，自身经营状况良好的企业也由此陷入债务危机，甚至被拖垮。如果一个地方或一个行业的“互保链”较为复杂和冗长，信用风险将沿着“互保链”迅速传导，与之有担保关系的多个企业都将承受“互保链”断裂所引发的阵痛，最终出现“倒下一个、牵出一圈、死掉一片”的惨淡景象，致使整个地区行业的金融环境恶化。如弘燃气与信阳毛尖是同一实际控制人下的关联方，双方互保较多，信用关联度较高，在信阳毛尖资金链断裂时，也导致了弘燃气出现偿债危机。

3.3.3 债券违约风险管理对策

债券违约的发生并不是可怕的事情，在金融市场中，风险是无处不在的，让本就有信用风险的金融产品从来不发生信用风险是不恰当的，面对信用风险的存在，我们要做的是如何应对风险，如何进行风险管理。如果能够将风险控制在可接受的范围之内，不但可以增加债券的融资、流通等功能，而且还可以使市场中参与债券的各方主体能够得其所得。债券发生信用风险的原因是多方面的，这里主要从投资者的角度对企业发行的公募债违约事项进行风险管理的建议。

（1）设计偿债保障条款。

发达国家，在订立公司债券合约时通常会有偿债保障条款，比如设置限制条款、加速清偿、交叉违约等来保护投资者的合法权利。偿债保障条款属于事先约定的防范机制，它赋予了投资者一定的控制权，可以将发行人的信用风险水平控制在一定范围内。限制性条款对发行人的资金使用权利进行约束，防止发行人滥用资金，损害投资者利益。在发行人信用状况发生重大变化时，在发行人不能偿还本息时，交叉条款能够使债权人较早地进入协商谈判程序。债务人在其他合同中的违约行为也造成了对本合同的违约，这就赋予了债券投资者一定的控制权和主动权，有效维护自身的合法利益。加速清偿条款可以使债券持有人的债券提前得到偿还。

比如在“11天威MTN2”发行违约的过程中，因为在公司大股东的主导之下，置换天威的优质资产，影响企业的营运能力，致使盈利下滑，资金流动性差，严重的资不抵债。公司一度面临破产的命运，债权人的利益无法得到保障。事实上，在本案例中可让债券发行人设计偿债保障条款，为了保障投资者的利益，条款中可约定债券发行人一旦出现发行人不能按期偿还利息时，投资者可以立刻与发行人取得联系并给出处理与补偿。利用债券保护性条款对债券发行人的某些种类的行为进行有效约束后，可在一定程度上对债券违约风险进行积极的防范和控制，最终可保证债券投资者的利益。

（2）加强担保机制建设。

担保是指在债权债务法律关系中，除了债权人、债务人外，有独立的第三方以自有财产为债务人提供偿债保证，即当债务人出现无法按期偿付本息时，担保人须使用自有财产替债务人偿还所担保的债务。

“11天威MTN2”实质上是一支无担保发行债券，况且在发行债券之后，公司的业绩就不断地下滑，资金的流动性风险极大，但其违约概率大大增加的同时并没有采取任何的增信措施或者担保行为，最终导致偌大的集团公司在巨额债务的重压之下，顷刻倒塌，至今投资者只能等待公司破产重组的结果。如果在债券发行的过程中，充分地利用担保机制，可对债券违约形成事前偿债担保能力，不是在已经发生违约之后，基于惯例或者是不规范的目的寻求政府出面调解。具体做法如下：

①在公司债券募集说明书等文件中要细化债权人要求追加担保的情形，以防在出现违约风险时，由于没有明确规定，而使债券持有人利益受损。

②应加强承销商的尽职调查工作，提前对担保权可能存在的权利瑕疵和担保的有效性等进行充分核查，在债券存续期间，要代表投资人持续关注后续管理，必要时采取保全措施。债券持有人也应及时关注发行人提前清偿和提存的权利，转让抵押财产的权利等，要保证抵押物价值不受损失。

③要强化担保方等主体的真实担保意愿。对发行文件进行规范化管理，对担保函等文件的细则要加以明确，形成制度约束，确立利益相关者的责任，同时对拒绝代偿事件明确责任方进行责任追究，使市场主体合法合规意识得到强化，加强风险防范。

（3）建立债券保险制度。

债券保险是指债券发行人向第三方的专业保险机构支付一笔保费，保险公司承诺当债券发行人无法偿还合约中约定的债券时，代为偿还本金和利息。

债券保险制度的建立可以为公司债券市场的发展提供市场化的信用

增级手段，能够实现风险的合理配置，实现风险的分散、转移和交易，有利于市场的良好运行。在开展保险业务后，也要重视风险防范问题，不健全的债券保险制度可能会对市场的风险定价形成干扰，引发系统性风险。因而要对债券保险公司实施以赔偿能力为核心的谨慎性监管，包括资本充足率和拨备覆盖率等，还要对保险公司对所保险的公司债券实施再保险，约束保险公司的高风险扩张。

（4）健全信用评级。

首先，信用评级机构要保持自身的独立性，真正做到独立于债权人和债务人的第三方。其次，要严格规范机构内部从业人员的执业行为，例如，在评级人员不得从事有关联关系的信用评级业务，不能兼职从事与评级业务有利益冲突的工作等。最后，借助外部监督力量来达到评级结果客观公正的目标。同时，评级机构应该建立征信体系，鼓励社会公众对于机构可能存在的问题进行问询和举报。也应持续关注发债公司的信用状况，及时向市场反映，使投资者合理预估债券风险，做出正确的投资选择。

在汇总了第三方评级机构对天威集团发行的“11天威MTN2”的主体评级和债项评级之后，发现中介机构并没有很好地发挥其应有的作用。从2011年4月21日发行债券时的评级AA到2014年12月21日评级为BBB的这段时间里，集团公司发生了资产置换，母公司定向增发集团公司的上市子公司。在随后不到一年的时间里，债券的评级更是不断下滑，甚至出现一月内调整两次评级。虽然评级机构做到了跟踪评级，但是债券发行时的评级级别显然是偏高的。

（5）完善信息披露制度。

公司债券管理存在缺陷，很大程度上是由公司与债权人信息不对称，权力责任利益的分配不对等造成，因此完善的信息披露制度可以对此进行适当的弥补。

在现有的信息披露过程中，并不能及时地、充分地揭示发行债券主体真实的风险，在真的发生信用风险之时，仍然让人猝不及防，最终可能会让整个金融市场陷入危机之中。若引导企业从自身的角度出发进行自愿披露，或者制定一些可行的激励措施，从根本上出发，将信息不对称的问题落实解决。此外，只有信息进行充分的披露，不存在信息严重不对称的情况下，市场机制才能够真正发挥其应有的作用。

（6）完善法律监管体系。

①加强对发行公司的监管。

在通过债券融资时，发行方若没有树立起较强的诚信意识，很容易出现在不能按时足额偿还本息时跑路的现象。而大多数投资者把购买公司债券当作储蓄行为而不是投资行为，在债券市场出现信用危机时，难以承担风险，继而向政府施压，影响公司债券市场良性发展。监管部门应加强对公司债券发行人的监管力度和监管水平，对那些为发行公司债券而粉饰财务报表、与中介机构勾结的发行人，给予严厉的惩罚。

②加强对中介机构的监管，引入惩罚措施。

参与公司债券运作的中介机构主要有会计师事务所、信用评级机构等。投资者只有通过公正的机构才能全面了解公司债券信息，做出理性判断。因而监管部门应对中介机构严加监管，使其遵守法律法规和职业道德，提高自律意识，对虚假记载、误导性陈述和重大遗漏行为严惩不贷。引入惩罚机制，发生违约的债券在追究发行人和承销商责任的同时，对信用评级机构当时的评级过程进行审查，如果发现有明显遗漏或者忽略信用风险计量的，根据其失职程度和最终的损失程度追究其责任，严重者可以取消其债券信用评级业务资格。

3.3.4　我国债券市场展望

2015年美国的债券市场规模约为40多万亿美元，其中信用债所占比例非常大，我国的信用债则规模偏小。原因主要有两点：第一，债券市场在我国还是新生事物；第二，居民对债券投资仍然比较陌生，而美国，对冲基金、养老金等投资债券市场的较多。我国若要建立多层次资本市场体系，就要改变我国债券市场流动性偏低的现状。改变总体金融结构，资本市场制度不完善，直接融资占比偏低，宏观杠杆率高的同时经济金融风险集中于银行体系，改善投资者结构比较单一，商业银行持有为主体的现状，并引入新的投资者群体。2014年年末，我国债市余额35.64万亿元，A股市值37.11万亿元，人民币信贷余额81.68万亿元，债市、股市、信贷的余额比例为23：24：53，美国则为51：39：10。我国企业融资仍以信贷为主，比例高达50%以上，而美国则相反，企业融资以直接融资为主，间接融资仅占10%。2014年年末，我国债市存量只有美国的15%，债市存量占GDP的比重，我国约56%，而美国达224%。预预计到2020年我国GDP总量将达到92.82万亿元。那么，按债券市场余额占GDP比例将提高至100%左右计算，届时债券市场的规模将达92.82万亿元。

参考文献

[1] 马宇.美国主权债务风险研究 [M]. 北京：中国金融出版社，2017.

[2] 刘觅.美国国债的违约风险研究 [D]. 湖南大学，2011.

[3] 张启迪.抛售美国国债对美国的影响到底有多大 [EB/OL]. 华尔街见闻，(2017-03-29) https：//wallstreetcn.com/articles/297629.

[4] 苏民.主权信用评级的影响因素分析——兼论中国主权信用评级被低估了吗? [J]. 经济学家，2017 (07)：63—72.

[5] 周晓俊.美国资本市场信用评级体系 [J/OL]. (2004-06-26) http：//www.docin.com/p-1096022463.html.

[6] 看看三大征信巨头如何征服美国市场 [EB/OL]. 鸣金网，(2015-11-3) https：//news.p2peye.com/article-473973-1.html.

[7] 张芳，韦晓茜.中国债券信用评级存在问题及对策研究 [J]. 东方企业文化，2014 (19)：323.

[8] 李建伟.普惠金融发展与城乡收入分配失衡调整——基于空间计量模型的实证研究 [J]. 国际金融研究，2017 (10)：14—23.

[9] 施娜. “十三五”末债市余额或超90万亿　专家称开放度有待提高 [EB/OL]. 新浪财经，(2015-11-11) http：//finance.sina.com.cn/money/bond/20151111/011423731841.html.

第 4 章　中国私募市场和风投市场现状

4.1　私人权益资本市场

4.1.1　私人权益资本市场

4.1.1.1　私人权益资本市场的概念

私人权益资本（或私募股权投资）是指不必经过审批登记的，在私人之间或各金融及非金融机构之间交易的权益资本。私人权益资本市场是为那些高风险并潜在高收益的项目提供资本的市场，市场投资主体在投资决策前执行审慎调查并在投资后保留强有力的影响来保护自己的权益价值。是与公共资金市场（公开上市的股票市场、债券市场、金融衍生工具市场等）相对而存。

私人权益资本是新兴企业，尚未上市的中小企业，处于财务困境的企业以及寻求并购资金支持的上市公司的重要资金来源。其中对新兴的、迅速发展且蕴藏巨大竞争潜力的企业的权益投资就是大家所熟悉的风险投资。

私人权益资本市场分为风险资本（venture capital）、非风险资本（non-venture capital）。除了风险投资外，私人权益投资还包括管理层收购投资、杠杆并购投资、过渡期企业的麦则恩融资、次级债务以及对财务困境企业的投资等非风险投资。在过去的30年间，发达国家的私人权益资本市场发展迅猛，增长速度超过了证券市场和商业银行等传统融资渠道。以美国为例，私人权益投资由1984年的接近67亿美元的规模增长到现在的数千亿美元。

从投资方式角度看，私人权益资本是指对于非上市股权，或者上市公司非公开交易股权进行的一种权益性投资，期望将来通过上市、并购或者管理层回购等方式出售持股以获利。

4.1.1.2 私人权益资本市场的参与者

（1）私人权益资本市场的筹资者。

不同规模的企业，出于不同的融资原因，都可能成为私人权益资本市场的筹资者。处于初创阶段的高科技企业是该市场的主要筹资者之一。由于投资风险高，该类企业很难从传统的金融中介和金融市场获得融资，需要风险资本的支持，而风险投资是私人权益投资的最初形式。

表4-1 资本市场的四个子系统

	公募方式	私募方式
股权融资	股票市场	私人权益资本市场
债权融资	债券市场	银行中长期信贷市场

20世纪80年代以来，私人权益投资中的非风险投资额超过了风险投资额。在美国，那些年销售额在2500万美元到1亿美元左右的中型企业得到私人权益投资的更多青睐。

这些企业借助私人权益资本市场进行资金募集，用于企业扩张、财务重组或所有权转移。此外，上市公司也可能成为私人权益投资的对象，它们往往利用私人权益资本市场进行管理层收购或杠杆收购，一些处于财务困境的上市公司也通过发行私人权益渡过危机，避免公开发行的注册成本（包括时间成本和注册费用）和信息披露。上述企业的一个共性在于风险高、不确定性大且信息披露少，无法从银行或证券市场等其他渠道获得融资。因此，对上述企业的投资通常需要投资者在投资决策前进行严格筛选和审慎调查，而这又是商业银行等普通金融中介很难完成的。上述企业的另一共性在于除了需要资金支持外，还需要金融中介对其发展进行引导和咨询，也就是说，在投资后应积极参与所投资企业的管理与监控。这也是私人权益投资与其他投资方式的显著区别。

（2）私人权益资本市场的金融中介。

20世纪70年代以前，私人权益投资主要以富裕家族、金融机构和企业集团对筹资企业的直接投资为主。现在绝大多数的私人权益投资是通过专业的金融中介进行，其中80%以上的金融中介是以有限合伙制的形式建立。有限合伙制金融中介的出现缘于私人权益资本市场严重的分类难题和激励难题。在该组织结构下，机构投资者作为有限合伙人提供99%的资本，但不负责私人权益投资的具体运营，仅以其投资额负有限责任。私人权益投资经理作为普通合伙人往往要求投入1%的资本，但可以分享投资收益的20%左右（即所谓的附加收益），以此激励投资经理努力工作。除了附加收益外，普通合伙人还可以每年按投资金额的一定比例（通常是2%—2.5%）提取管理费。普通合伙人对经营承担无限责任，并负责私人权益投资的具体运作。除了有限合伙企业外，小企业投资公司、公开上市的投资公司及其他机构也可以作为私人权益资本市场的金融中介，但这些机构目前所占的市场份额已相当有限。

（3）私人权益资本市场的投资者。

公司养老基金、公共养老基金和捐赠基金等机构投资者，银行控股公司、保险公司和投资银行等金融中介，以及富裕家族、个人和其他非金融企业都可能成为私人权益资本市场的投资者；其中又以养老基金，特别是公共养老基金的投资额最大，发展速度最快。机构投资者投资于私人权益资本市场主要出于以下两个目的：一是获取超过其他金融投资收益的风险调整投资收益；一是出于分散投资以分散风险的考虑。

而金融中介投资私人权益资本市场除了上述目的外，还出于拓展业务的考虑。如银行控股公司参与支持中小企业发展的私人权益投资基金，是因为可以接触众多的中小企业，便于从中选择优质企业拓展信贷业务；投资银行除了作为有限合伙人外，还可以作为普通合伙人参与私人权益资本市场的投资，通过对成熟期风险企业的投资以及对杠杆收购的融资，投资银行比较容易获得上述企业的证券承销业务或提供其他金融服务。

但需要指出的是，上述投资主体由于风险厌恶程度和对流动性要求的不同，他们所偏好的私人权益投资类型也有所区别，如大学捐赠基金、富裕家族或个人相对其他投资者来讲对流动性要求较低，风险承受能力较大，因此投资初创风险企业的比例往往相对较大，而公司养老基金和公共养老基金风险厌恶程度和流动性要求较高，因此偏好投资那些风险较小、投资回收较快的后期风险投资或非风险投资。

除了上述市场主体外，私人权益资本市场上还存在着一些所谓的“信息生产者”，主要是一些代理机构和咨询公司。这些中介机构的积极参与在一定程度上缓解了私人权益资本市场严重的信息不对称和信息不完全。

4.1.1.3　私人权益资本市场的特点

私人权益投资作为一种创新的投资方式，适合于风险大、不确定性高的投资环境。

（1）私人权益投资是一种管理高风险以获取高收益的投资方式。

在私人权益资本市场筹资的企业，无论是处于初创阶段的新兴企业还是陷于财务困境的上市公司，都面临着较大的不确定性，投资风险大。因此，私人权益投资所要求的投资收益率也远高于一般的金融投资。一般而言，早期风险投资所要求的投资收益率为35%—70%，后期风险投资所要求的投资收益率为25%—40%，对财务困境企业进行融资所要求的投资收益率为30%—35%，而其他非风险投资所要求的投资收益率也高达15%—25%。因此，私人权益投资也被称为“最昂贵的融资方式”。

（2）私人权益投资是一种主动参与管理型的专业投资。

作为普通合伙人的私人权益投资经理，或者具备企业管理的丰富经验，或者具备投资银行的从业背景，对所投资企业的经营管理、市场前景和行业情况都有较深刻的理解。他们不仅投入私人权益资本，还利用长期积累的经验、知识和商业网络关系帮助筹资企业发展壮大，完成资产重组或走出财务困境。

（3）私人权益投资是一种权益资本投资，而非借贷投资。

它所关注的是投资对象的发展前景和资产增值，而非当前的盈亏情况。因此，私人权益投资并不是一般意义上的短期性或流动性投资，它是一种中长期投资，一般需要3—7年的时间才能实现资本退出，获得收益。

（4）私人权益投资市场是一个相对封闭的市场。

融资的公司不需要公开注册，也不需要公开披露信息，市场反应信息数据相对比较少，信息流通慢，是非充分有效的市场。由于信息比较闭塞，投资效率也比较低，但效率相对低的市场也有潜在优势，存在许多高风险、高收益并且相对长期存在的投资机会。

（5）有利于新兴企业融资。

市场不需要小企业的信用历史，也不需注册登记，不需要以自己的资产作抵押。相对封闭的、效益比较低的资本市场，恰恰是新兴企业融资的主要和重要的渠道。

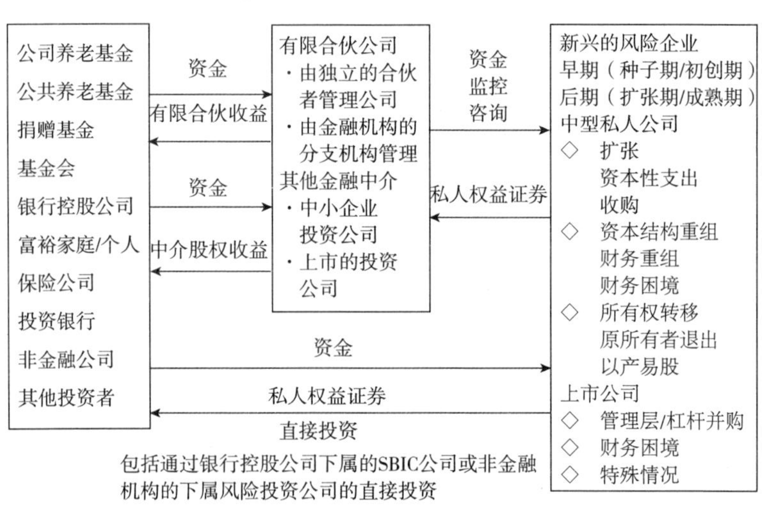

图4-1 私人权益资本市场结构

4.1.1.4　私人权益资本市场的意义

从欧美的发展经验看，发展有限合伙制的私人权益投资基金和私人权益资本市场有利于提高资本市场的运作效率，促进金融深化和经济发展。从某种意义上讲，正是私人权益投资，尤其是风险投资的蓬勃发展促成了美国20世纪90年代中后期出现的历史上第一次连续9年的低通胀、高增长的经济繁荣局面。

（1）发展中国私人权益资本市场的意义。

建立多层次资本市场体系的要求。中国资本市场的各个子系统发展很不均衡，以银行中长期信贷为主导的间接融资远远超过证券市场的直接融资；而证券市场的发展也不均衡，债券市场相对于股票市场来讲，规模太小，发展缓慢。而私人权益资本市场仅局限于风险投资，且风险投资被定位为扶持中小科技企业发展，加快科技成果转化的“政策性金融”，这使得中国的风险投资在发展初始就存在着严重的先天不足，并很快随着2000年美国新经济泡沫的破灭而陷入低谷。

从发达国家的发展经验来看，运行良好的私人权益资本市场对中国资本市场发展和经济增长意义深远：第一，可以通过对新兴科技企业的资金支持实现高新技术与金融资本的结合，进而促进中国技术创新和经济发展；第二，可以通过对并购活动的融资提高公司效率，运用市场手段实现优胜劣汰或强强联合，从而增进社会福利；第三，可以通过对那些因为负债过重或管理不善而陷入财务困境的企业的融资和整合，节约社会的破产成本；第四，可以通过私人权益投资经理对各种风险企业的管理、扶持和引导等“价值创造”活动增加企业价值。更为重要的是，私人权益资本市场的发展一方面可以为中国中小企业的发展壮大开辟新的融资渠道，有利于启动民间投资，促进储蓄向投资的转化，从“量”

上进一步促进中国的金融发展；另一方面也弥补了银行部门和证券市场在资源配置、信息生产和企业管理等方面的缺陷，提高资本市场的“经济效率”，从“质”上促进中国的金融深化。

（2）发展中国私人权益资本市场的经济背景。

从民间资本的冲动和中小企业发展的客观需要上看，中国已经初步具备了发展私人权益资本市场的条件。尽管美国和欧洲等西方发达国家的私人权益资本市场是以养老基金等机构投资者为主要。但在20世纪70年代之前，富裕家族或个人是私人权益投资的主要资金提供者。自2009年《中国私人财富报告》首次发布以来，将可投资资产超过1000万人民币的个人定义为高净值人群，发现其规模持续快速增长。2016年，中国的高净值人群数量达到158万人；与2014年相比，增加了约50万人，年均复合增长率达到23%，相比2012年人群数量实现翻倍。其中，超高净值人群规模约12万人，可投资资产5000万以上人士共约23万人。从财富规模看，2016年中国高净值人群共持有49万亿人民币的可投资资产，2014—2016年增速达24%，相较2012—2014年有所增加；人均持有可投资资产约3100万人民币。这部分资金的流动性要求相对较低，风险承受能力较高，适合于私人权益投资，即使是很小的比例也能催生出中国蓬勃发展的私人权益资本市场。

从中小企业发展需求看，发展私人权益资本市场不仅可以为高科技企业和中小企业的发展提供资金支持，更重要的意义还在于，具备“企业家精神”的私人权益投资经理还可以利用他们长期积累的管理经验、知识专长和商业网络帮助中小企业更好更快地发展壮大。这一点对于中国的中小企业尤为重要。私人权益投资作为一种积极参与管理型的专业投资能够同时缓解中国中小企业发展所面临的资金和管理两个瓶颈。

（3）发展中国私人权益资本市场的制约条件：声誉机制的缺失。

制约中国私人权益资本市场发展的最大难题还在于中国严重的社会信用缺失问题，及其所导致的投资经理的"声誉机制"失效。我们知道，私人权益投资是一种长期投资，私人权益投资基金的续存期限一般在10年以上，社会信用的缺失导致中国的民营企业主和富裕家庭即使可以承受高风险和低流动性，也认识到私人权益投资的潜在高收益，但往往由于对普通合伙人的"诚信度"的担忧而不愿投资。从经济学的角度分析，声誉机制是制约投资经理的"道德风险"行为的关键。但在整个社会信用不佳的背景下，投资经理声誉机制的有效性也就值得怀疑了，这进一步提高了普通合伙人募集私人权益投资基金的难度。要解决这一发展瓶颈，中国私人权益投资基金的普通合伙人应由信誉良好的大证券公司出任。政府可以出台相关政策，支持鼓励大证券公司作为普通合伙人募集私人权益投资基金，由此启动中国私人权益资本市场的发展。

需要强调的是，美国的风险投资是一种纯粹的市场行为而非政策性金融，它选择投资项目的标准在于能否给投资者带来高额回报，而不是对科技发展有无推动作用，这也是美国的风险投资发展最为成功的重要原因之一。然而包括中国在内的许多国家在借鉴美国经验，发展本国的风险投资时，都将这一投资机制的"市场性"抛弃，致使这些国家风险投资的发展往往是"形是神非"，效率低下。有鉴于此，中国发展私人权益资本市场的基本思路应该是市场化运作，政府除了提供政策支持和适度监管外应尽可能少地介入。

4.1.2　国内一些私募股权投资认识的误区

据中国证券投资基金业协会公布的截至2017年7月底的统计数据，中国证券投资基金业协会已登记私募基金管理人20110家，已备案私募基金58734支，管理基金规模9.95万亿元。私募基金管理从业的总人数超过23万人。

在各类私募基金中，股权创投类私募贡献最大，股权创投类私募公司总数突破一万家大关。由于私募股权投资表现出极高的融资功能和价值发现功能，使得其快速成为中国金融投资界的新宠儿。但私募股权投资与一些私募股权投资类似的渠道也容易产生混淆。

第1个误区：私募股权筹资和普通基金一样。

私募股权投资基金的投资期限非常长，因此其资金来源主要是长期投资者。私募股权投资基金的筹集方式不同于普通基金，通常采用资金承诺方式。基金管理公司在设立时并不一定要求所有合伙人投入预定的资本额，而是要求投资者给予承诺。当管理者发现合适的投资机会时，他们只需要提前一定的时间通知投资者。这存在一定的风险，如果投资者未能及时投入资金，他们按照协议将会被处以一定的罚金。

因此，基金宣称的筹集资本额只是承诺资本额，并非实际投资额或者持有的资金数额。在实际的筹资活动中，基金有一定的筹集期限。当期限满时，基金会宣布认购截止。同一个基金可能会有多次认购截止日，但一般不超过3次。

第2个误区：私募股权基金收益一直都会很高。

通常人们在考察PE基金的收益情况时，会以时间为横轴，以收益率为纵轴画出一条曲线。通过长期观察，人们发现这条曲线的轨迹大致类似于字母“J”，因此这种现象被形象地称为“J曲线效应”。

形成J曲线效应的原因是，在一支PE基金运作之初，基金要开始支付管理费和开办费用，然而这时基金所投资的项目还无法立刻产生回报，使得基金在最开始的一段时间收益为负值。当经过一段时间后，基金开始有项目推出时，基金收益率就会快速攀升。

从投资者的角度，J曲线效应的启示是，在一项长期投资中过分看重短期收益情况不利于投资者追求并实现长期目标；而基金管理人的目标则是尽量缩短J曲线，以使基金尽早实现正收益。

第3个误区：PE与VC两个产品没有什么区别。

私募股权基金（PE）起源于风险投资（VC），在发展早期主要以中小企业的创业和扩张融资为主，因此风险投资在相当长的一段时间内成为私募股权投资的同义词。从20世纪80年代开始，大型并购基金的风行使得私募股权基金有了新的含义，二者主要区别在投资领域上。

风险投资基金投资范围限于以高新技术为主的中小公司的初创期和扩张期融资，私募股权基金的投资对象主要是那些已经形成一定规模的，并产生稳定现金流的成熟企业，这是其与风险投资基金最大的区别。私募股权投资的广义概念涵盖了企业IPO前各阶段的权益投资；可划分为创业投资、发展资本、并购基金、夹层资本等。

私募股权投资对象中单个项目投资规模一般较大。风险投资则视项目需求和投资机构而定。

投资理念上，私募股权一般协助投资对象完成上市然后套现退出。而风险投资强调高风险高收益，既可长期进行股权投资并协助管理，也可短期投资寻找机会将股权进行出售。

第4个误区：私募股权基金就是“私募基金”。

很多人在谈起私募基金的时候，首先想到的可能是私募证券投资基金。其实私募基金包括了私募股权投资基金、私募证券投资基金、私募风险投资基金、私募房地产投资基金等。私募股权投资基金（PE）与私募证券投资基金是两种名称上容易混淆，但实质完全不同的基金。

PE与私募证券投资基金的区别在于：PE主要投资于未上市企业的股权，属于一级股权市场范畴，它将伴随企业成长阶段和发展过程，依靠企业价值的提升而获利。而私募证券投资基金是通过非公开方式，面向少数机构投资者募集资金，主要投资于二级证券市场，通过证券市场价格的波动获利。

对于投资者，选择股权投资基金首先选团队，没有好的管理团队，这个基金很难做出好的业绩；选择证券投资基金，首先看业绩，过往战绩往往预示这支基金对市场的把握能力。

第5个误区：经济形势不稳，不敢投PE。

私募股权基金管理人（GP）的投资风格很多，GP倾向于投资熟悉的行业，GP在目标企业的选择上有行业的偏好，而在不同的经济发展阶段，都有不同的行业获利。即便是在经济形势不好的局面下，股权价格更容易被低估，股权投资也能取得超额收益。从历史业绩来看，私募股权基金，往往可以成功穿越经济周期，回报远远优于股票市场。

第6个误区：无形资产不值得投资。

投资主要是看企业，把人放到一个次要的地位。中国本土PE一般成立时间不长，过去有的时候就是看人家的财务报表，看看固定资产有多少，对管理团队各方面花得精力不够。对于蒙牛的案例大家经常说：没有牛根生会有蒙牛吗？实际上企业第一位的还是人，人是企业唯一不可复制的经营要素。这一点一定要看清楚，在尽职调查过程中，其实无形胜有形，就是无形资产的重要性甚至超过有形资产。

第7个误区：资金比资源重要。

部分PE管理人觉得自己能够做甲方，能够做私募股权投资，因为自己有钱。对PE来说，更重要的是要有资源。比PE有钱的机构很多，比如银行。银行为什么不做PE？银行没有资源，银行很清楚，只有把钱借给企业，企业赚了钱给银行利息。银行也知道，去投资做了股东的话，银行管不了这么多企业，它没有那么多的专家打理这件事情。所以，从这个角度来看，对一个PE公司，资源比资金甚至还重要。

第8个误区：尽职调查有专家就可以了。

有些PE会认为，做尽职调查，就让会计师和律师去就行了。会计师和律师更多是了解一个企业的过去，利用法律条款、会计准则，用静态的眼光去看待企业。一般来说，真正懂企业经营的会计师和律师是不多的。对企业来说，看其过去是看它有多少资产，资产上有没有瑕疵，或有负债等。而对于未来，要看它的业务，这个是最重要的，但这方面往往是会计师和律师的薄弱环节。

投资者要真正挖掘出一个企业的价值，重点在于它的经营业务或者叫经营性的审计。需要借助第三方的精通企业经营业务的投资顾问来帮投资者把关。

第9个误区：高科技就是高成长。

高科技企业就是高成长企业的认识是比较偏颇的。科技如果能带来成长，必须要带来利润和现金流。在这方面有两种方式比较可行：一种是拓展外部市场需求，引领新的消费，如微软的视窗软件，迎合了整个IT时代的到来；另外一种方式是内部挖潜，就像沃尔玛一样，把一颗卫星放到天上，对全球几百家店的物流、仓储、财务等方面进行集约化的管控，提高了整个公司的运营效率。

只有外部扩张市场和内部挖潜这两种方式能够带来企业的新的利润增长点及高成长。

第10个误区：只要赚钱就值得投资。

有人认为，有盈利机会的行业就值得关注。实际上，有些机会是生意而不是企业。比如，开家庭装修公司，办一个电脑维修公司，一年可能赚几十万，明年还可能增长30%、50%，但这只是一个生意。这种行业壁垒非常低，很难形成品牌、渠道、网络这些竞争优势。作为个人创业没问题，但作为一个企业行为，很难形成规模化经营。它在投资的价值方面，是要打一个折扣的。

第11个误区：对传统行业不屑一顾。

有人片面认为，传统行业是不值得挖掘的，PE追求的就应该是高成长的高科技企业。中国的消费市场非常的庞大，相较于那些发达国家，我们在很多的传统行业上集中度都是偏低的，还有非常大的发展空间。这种空间有两种：一类是消费的升级、产业升级；一类是行业整合。如果能够把这两个要素挖掘好的话，实际上传统行业也有非常好、非常大的一些投资机会。

第12个误区：规模就是效益。

规模上去了并不自然就有经济效益，其中的关键是能否将企业管好。

第13个误区：资本就是一切。

有些PE是以资本运营代替生产经营的。资本本身没有创造价值，如果企业税后利润是1亿元，它的股票价格从5元变成10元，甚至到100元钱，利润还是这么多，没有创造价值。资本如果是毛，那皮就是产业经营，主营业务有盈利能力，资本才能创造财富。企业本身没有盈利能力，在外面再炒，那只能是泡沫，是概念，总有破灭的时候。

第14个误区：企业需要的就是资金。

有些PE管理者重投资轻管理，而把钱投进去只是一个开始，很多

PE在这个环节上心理准备不够。许多时候，企业不仅仅需要资金，更需要的是引进资金的同时，引进高效的管理体制。

第15个误区：不问资金的来源。

私募基金的钱有的时候是向不同的投资人募集来的，如果投资人本身出现一些问题的话，也许会涉及资金环节的法律追缴。所以在资本募集的环节上，需要注意资金的来源，要选择好投资人。

4.2　风险投资市场和风险投资概念

4.2.1　美国风险投资市场发展的简史

美国风险投资的发展历程可以归纳为七个阶段，每一阶段都有各自的特点。第1阶段为19世纪末至1945年，是孕育阶段。第2阶段是1946—1970年，是发展阶段。在这一阶段，产生了现代第一个真正意义的风险投资公司，并形成了第一次风险投资的浪潮。第3阶段是1971—1980年，是调整阶段。1973年的美国经济危机、布雷顿森林体系瓦解，使依靠于实体经济发展的风险投资业陷入衰退。但纳斯达克市场的建立和政府相关财税优惠政策的出台，又使风险投资业焕发了新的生机，进入调整期。第4阶段是1981—1989年，是快速发展时期。风险资本规模不断扩大，进入快速发展阶段，形成了第二次风险投资浪潮。第5阶段是1990—2000年，是成熟阶段。风险投资将互联网业推到了前所未有的高度，在推动科技进步、加速科技成果转化的同时，获得了高额利润。第6阶段是2001—2008年，是调整发展阶段。2000年网络泡沫破灭后，风险投资业从疯狂归于理性，重新调整投资策略，除软件业外，生物医药产业成为风险投资的重点。第7阶段是2009年至今，是缓慢发展阶段。受国际金融危机影响，2009年是美国风险投资大幅下滑的一年，但随着美国经济刺激计划的出台，风险投资业缓慢复苏。从美国风险投资的发展历程看，每次风险投资的兴起都伴随着新兴高科技产业的繁荣。

4.2.2　美国风险投资发展的特点

通过美国风险投资从无到有、从小到大的7段发展历程不难看出，其发展过程中除风险投资自身机制不断完善外，还得益于美国政府和风险投资协会的大力支持，在风险投资蓬勃发展的同时，促进了美国科技的进步和新兴产业的涌现。通过对美国风险投资发展历程的分析，可发现其有如下特点：

（1）美国风险投资的发展得到政府的大力支持。

风险投资虽说起初是资本所有者和风险投资家自发的市场行为，但风险投资业的发展壮大离不开美国政府的支持。小企业管理局的成立和《小企业投资法》的出台，激励了投资中小企业的投资公司的建立，这种政府支持的风险投资公司可获得美国政府的低息贷款，美国政府还为投资中小企业的风险投资机构提供担保，引导更多的资本进入风险投资业。另外，美国政府还为风险投资业提供税收优惠，逐步降低风险投资机构的所得税。

（2）与技术创新同步发展。

美国风险投资与技术创新共同发展，互相促进。追求高风险、高收益的风险投资只有投资有较强技术创新能力的企业的项目，才有可能获得高额收益。其对高科技企业的投资提高了企业的研发效率，使技术得以不断创新，美国近代历史上一次次的技术创新都离不开风险投资的支持，半导体技术、计算机技术、基因技术等高科技的产生及产业化，都离不开风险投资的推动。

（3）与美国宏观经济互相影响。

美国风险投资业的发展与美国的宏观经济发展状况互相影响、互相制约。风险投资的几次投资热潮，都是在美国经济快速发展时期实现的，其活跃的投资又进一步促进了美国经济的发展，推动了美国20世纪八九十年代经济的飞速发展，扶持了许多处于世界领先地位的高科技企业。而在美国经济进入衰退期，如面临几次经济金融危机时，风险投资业也进入低迷期，投资不断收缩；同时，美国经济陷入萎缩和低迷一定程度上也是风险投资不理性的结果，最为典型的例子就是风险投资大量涌入互联网业，加速了网络泡沫的堆积，最后在2000年导致网络泡沫破灭，纳斯达克市场股价大幅下跌，大量财富瞬间蒸发，使得美国经济整体衰退。

总体看，美国风险投资业经历了7个发展阶段，从萌芽、发展、壮大、成熟到调整、再发展、再调整。每一阶段的发展都与美国宏观经济环境密切相关，伴随着美国整体经济的波动起伏，带动了许多新兴产业的发展。半导体产业、计算机及相关产业、生物医药产业等逐渐成为美国经济的重要产业，风险投资的支持起到了重要作用。可以说，没有风险投资的支持，这些产业不会发展得如此迅速并占据了较大的市场份额和拥有了较高经济地位。同时，新兴产业的涌现和发展及美国经济的繁荣、衰退都极大地影响了美国风险投资业的发展，风险投资业也随之发展壮大甚至萎靡。

4.2.3　风险投资行业分析：美国的风投界

研究美国风投资本都偏爱流向哪些地域，这些地方有哪些独特之处，可以为中国创业者和资本持有者带来启发。地域上美国风险投资主要集中在三大集群：旧金山湾区，横跨旧金山、圣何塞和几个较小的城市圈，占比40%；波士顿—纽约—华盛顿一线占比也超过了1/4；南加州城市群，包括洛杉矶、圣地亚哥、圣芭芭拉和奥克斯纳德共占9%。这三大集群所吸引的风投总额就超过了全美的3/4。97%的风投资本集中在Top50的城市群沿线；Top20占据了90%的风投资本；Top10占据了75%。旧金山湾区以135亿美元的资本成为各个风投中心地区的老大，数额超过全美总量的1/3。湾区里的风投老大硅谷，以85亿美元的风投资本占据全美总量的25%。美国的风险投资在地理上表现出了高度的集中性。

此外，影响风投资本流动的因素还有高科技产业、科技工作者、高比例的创新等。资本倾向于流向规模更大、人口密度更高，高效、开放、多元化、人才集中的城市群。资本爱去的那些地方也总是伴随着更高的房价、薪资差异巨大和经济的隔离，同时又并非收入越高的地方越吸引风投资本。

创新和高科技产业。风险资本与创新属于正相关，相关系数达到0.56，尤其是高科技产业的相关系数高达0.66。

工资和收入。风险资本投资倾向于富裕的城市。它与以下要素呈正相关性：平均工资水平（相关性为0.57）、人均收入（相关性为0.51）、人均经济产出（相关性为0.42）。这种关系也反映了高科技产业集中的地方也是风险投资密集的地方。

人才。风险投资与成年人接受大学教育的比例是正相关的（相关性为0.56），与创新阶层脑力劳动者所占劳动力的比例也是正相关的（相关性为0.53），包括了科学技术、管理、艺术、传媒、娱乐行业从业者。这反映了风险投资对大城市和高等学府的人才的青睐。风险资本与两类劳动力的占比呈现负相关，即蓝领阶层（相关性为-0.31），服务阶层（相关性为-0.18）。

更有趣的是特定行业与风险投资的相关性。科技从业者与风险资本关联度达到0.47。但是，风险资本其实与商业和管理的关系更加紧密

（相关性为0.54）。对于创业公司来说，一个坚实的管理团队和前沿技术一样重要，而且风险投资与艺术、传媒、娱乐行业关系也相当密切，关联度达到0.44。关联度几乎与科技行业在同一个量级，即对于创业公司而言：用户友好的设计与内容非常的重要。

许多相关人士认为高等教育和医疗产业可以在刺激高科技发展中发挥关键作用。然而，MPI分析发现风险投资与高等教育和医疗产业并没有显著的相关性。也有其他研究表明，高比例的高等教育和医疗行业对城市和区域发展并未起到直接作用。

开放性和多元性。这条结论与相关研究结果一致，即大量的外籍工程师就职于高科技领域或者成为高科技创业公司的创始人。分析发现风险资本与外籍相关人的比例为0.31的正相关。

要紧密还是扩张？风险资本和创业行为与城市群的密集性有紧密的联系。密集的城市群使得人们在物理上的距离拉近了，这使得人们社交的机会变得更多，促进了信息的共享，激励创新以及新型商业的形成。风险投资与人口是正相关的，关联度达到0.62。值得注意的是加权人口密度与风险投资的关联度也达到了0.53，这就更准确地反映了人口密度对城市群的影响。

风险投资也与人们工作时选择不同的交通工具有关联。其与独自开车上班占总通勤情况的比例呈负相关，关联度为-0.30，这个指标反映了城郊的比重很大。相比之下，尽管相关性不算特别高，但是风险投资与人们乘坐体积大、密度高的公共交通的占比是正相关的（相关性为0.42）。

综合以上的信息，我们可以看到，风险资本更容易被吸引到密度更高、更紧凑，人们聚集在一起的地方。

4.2.4　什么是风险投资

4.2.4.1　风险投资的定义

美国风险投资协会对于风险的定义：风险投资是指由职业金融家对新兴的、迅速发展的、蕴含着巨大竞争潜力的企业的一种权益性投资。

欧洲风险投资协会对于投资的定义：指一种由专门的投资公司向具有巨大发展潜力的成长型、扩张型或重组型的未上市企业提供资金支持并辅以管理参与的投资行为。

中国在《关于建立风险投资机制的若干意见》中将风险投资定义为：向科技型的高成长性创业企业提供股权资本，并为其提供经营管理和咨询服务，以期在被投资企业发展成熟后，通过股权转让获取中长期资本增值收益的投资方式。

4.2.4.2　风险投资的特点

风险投资是金融业的一种新型业态，与传统金融有较大区别，投资对象、投资方式、投资风险、投资周期、投资退出等都有显著差别。

总体看，风险投资具有自身的特点：

第一，高风险与高收益并存。风险投资的对象主要是具有较高发展潜力的高科技中小企业，这类企业由于处于初创期，缺乏抵押品，也难以找到担保，投资回收期较长，获得高额回报的风险较大。另外，高新技术企业在技术创新过程中，要经过研发、实验、投产、销售等阶段，这其中的每一阶段都会面临较高风险，具有高度不确定性，短期内不会获得较高收益，而且可能面临失败的风险。因而风险投资具有高风险性。风险投资失败的比例在20%以上。投资回报率通常比较高，平均为年化20%—40%。

虽然风险投资面临较高的风险、较大的损失的可能性，但投资对象一旦获得成功，风险投资就会获得数倍的回报。依靠风险投资发展起来的高新技术企业，由于掌握了先进技术，在市场中有较强的竞争力，必然获得较高的收益，以股权形式投资的风险投资在面临高风险的同时也会获得高收益。

第二，为投资对象提供资金和管理的双重支持。创新型高科技企业在整个生产经营过程中，需要大量资金投入，而风险投资恰好通过灵活特殊的投资方式，在资本与高新技术间架起桥梁，为难以从银行等渠道融资的众多有潜力的创新型科技企业的培育和成长提供了重要资金保证。与传统信贷只提供资金不介入企业经营管理的方式不同，风险投资大多是股权投资，在投入资金后还参与企业的管理，参与产品开发、生产、销售及企业机构设置和人员选聘。风险投资通过参与企业的经营管理，帮助企业解决研发、生产、销售过程中面临的难题，为企业经营战略的制定提供指导性意见，还协助企业进行管理层人员的选配及其他人员的招聘，从而实现投资收益的增加。在美国，风险投资机构不仅给企业提供资金，还根据其是否是主导投资者、单个项目投资额度大小、投资的不同阶段、风险投资机构的经验丰富程度等，通过董事会或根据投资协议，采取相应的管理方式，向被投资企业提供相应的管理帮助。投资项目是高度专业化和程序化的，按照规范的投资程序进行。

第三，投资周期长且流动性较小。风险投资是一种中长期投资，投资初期，企业可能还处于研发阶段，需要大量资金的投入却没有产出，即使研发出高新技术产品，也还要经历产品的实验、生产、市场推广等过程，投资周期较长，短的要三五年，长的可达七至十年。在这期间，资金的流动性较小，不能随意撤出，只有当企业在资本市场上市、被兼并或被收购时，风险资本才能收回，并获得投资收益。

第四，投资不是为了获取股利或收回本息，而是为了追求成长期的超额利润。风险投资致力于投资风险企业的开拓阶段，而不是成熟阶段，看中的是被投资企业的潜在成长性和高额营利性。以股权方式参与投资，并不取得新事业的控股权，通常投资额占公司股份的15%—20%。当风险企业快速发展到一定阶段，风险投资就会将手中的股权抛售，以获得高额利润，并不眷恋于企业的长期股利或分红，而是又去寻找新的投资机会，追求新的收益。正是由于风险投资的这种特殊机制，使中小型创新企业不断涌现、发展壮大，“苹果”“微软”和“英特尔”等世界知名企业的发展都离不开风险投资的支持。

表4–2　风险投资与常规投资形式的区别

	风险投资	常规投资
投资对象	创新型、有较大发展潜力的创业企业或中小企业	已经盈利、有足够抵押品的大中型企业
投资方式	股权投资	债权投资
投资阶段	创业初期	发展较为成熟阶段
面临的风险	较　大	较　小
流动性	较　小	较　大
投资周期	较长，短则三五年，长则七至十年	多为中短期
参与管理程度	是	否
投资退出方式	上市股权转让	本息收回

4.2.4.3 风险投资的基本要素

风险资本、风险投资机构和被投资的风险企业是风险投资的三个基本要素，这三者互相支撑、互为依托。

（1）风险资本。

风险资本是风险投资运作活动的重要组成部分，没有资金，何谈投资。风险投资机构的资金来源于个人和机构投资者。个人是一些有大量富余资金的富有者，但由于个人投资零散、规模不大，所以其在整个风险资本中所占的份额较小。机构投资者的投资在风险资本中占较大比重，提供风险资本的机构投资者：一是各类基金，以养老基金、退休基金和捐赠基金为主，约占总风险资本的一半左右；二是金融机构，主要是银行控股公司和投资银行，他们通常以有限合伙的方式介入风险投资公司；三是政府机构，为促进本国的科技进步，鼓励高科技成果研发和转化为现实生产力，政府出资设立专门的风险投资机构，实现对高科技中小企业的支持，但政府资金只起到种子基金的作用，引导其他的风险资本进入该领域，因而政府提供的资金在所有风险资本中所占比例不高；四是大型产业集团，大型产业集团通过组建风险投资公司或投资风险投资机构，参与资助一些与其业务高度相关的高科技风险企业。这样，一方面，可省去研发的人力物力投入；另一方面，如果被资助企业未来的发展对集团有重要战略意义，可将其纳入企业集团。

（2）风险投资机构。

风险投资机构是风险投资活动的直接参与者和执行者，它既进行风险资本的筹集又负责使用风险资本，表现形式通常为风险投资公司和风险投资基金。经过几十年的发展，风险投资机构形成了多种组织形式，其中最为完善和主流的组织形式即为有限合伙制。

有限合伙制风险投资公司由两类合伙人组成：一类是有限合伙人（Limited Partnership，LP），另一类是一般合伙人（General Partnership，GP）。有限合伙人是风险投资机构的主要投资者，虽然提供了99%的风险资本，却不负责具体经营，对公司承担有限责任，故称为有限合伙人；一般合伙人则是风险投资机构的经营者，也可称为风险投资家、基金经理人，其出资比例较低，仅占风险资本的1%，他们运用自身的知识和管理经验，对经营承担无限责任。

有限合伙制的风险投资公司有以下特点：一是激励机制灵活有效，运作效率较高。有限合伙制风险投资公司为基金经理人提供了较强的激励机制，给予了较大的管理权限和较高的回报，极大地激发了基金经理人的工作热情，使其付出百倍千倍的努力来实现投资的盈利。基金经理人虽然仅投资基金总额的1%，但至少会获得20%的净利润收益。这种激励机制使一般合伙人和有限合伙人的利益紧密联系在一起，一般合伙人会竭力挖掘高潜质、高收益的投资机会以获取高额投资收益，有限合伙人也会充分放权。二者的权责利划分清楚，极大地提高了风险资本的管理和运作效率。另外，这种合作的存续期有限，有限合伙人如果不满意经理人的业绩时，也可选择退出。基金经理人想要继续获得有限合伙人的认同和筹集到更多的资金，就必然要建立良好的信誉和声誉，树立自己的行业形象，尽职尽责地将风险资本管理好。二是弱化了道德风险。有限合伙制将基金经理人也就是一般合伙人定为无限责任承担者，也就使基金的盈利情况与基金经理人的个人利益息息相关，一旦基金经理人管理不善，自身就要承担无限赔偿责任，会面临极大的损失。因此，基金经理人从个人利益出发，也会尽量减少道德风险发生的概率。三是避免双重纳税。许多国家税法规定，有限合伙制企业不是纳税义务人，企业本身不缴纳所得税。有限合伙制的风险投资公司将自己的收入和损失分配给每个合伙人，有限合伙人和一般合伙人按照自己的实际所得缴纳个人所得税，避免了公司制企业中公司和合伙人个人对所得税的双重缴纳。

（3）被投资的风险企业。

风险投资的投资对象是那些具有高发展潜力的高新技术中小企业，尽管这些企业规模较小，但拥有特定的技术创新或新的盈利模式，使风险投资家确信未来能获得较高的收益。从风险投资业发展较好的美国看，其被投资的风险企业具有如下特征：规模较小，具备领导企业实现高速成长的创业家，拥有或正在研发高新技术。从被投资的风险企业行业分布看，很少是传统的制造业，绝大部分是具有较高科技含量的新兴产业。半导体、计算机软硬件、互联网、生物医药、新能源等新兴产业，都得到了风险投资的大力支持，正是有了风险投资的加入，这些产业才能够从小到大、从弱到强，甚至成为世界知名的大企业。

总体看，风险投资机制较好地解决了企业发展过程中出现的“道德风险”和“逆向选择”问题，设计了一套有较强激励作用的合约，控制了委托代理风险。把投资者、风险投资家和创业者三者连接起来，形成利益共同体。为了获得高额投资回报，一方面，投资者对风险投资家予以较强的激励，给予高额的利润分成；另一方面，风险投资家将资金、人力和技术三大要素有机结合，不断推动风险企业的发展。

4.2.4.4　种子轮、天使轮到C轮

种子期。在这个阶段，公司只有理念却没有具体的产品或服务，创业者只拥有一项技术上的新发明、新设想以及对未来企业的蓝图，缺乏初始资金投入。种子期融资就是创业公司在上述阶段所进行的融资行

为，一般来说，资金来源是创业者自掏腰包，也有种子期投资人和投资机构。种子期的投资量级一般在10万—100万元人民币。

天使轮融资。天使轮是指公司有了产品初步的模样，有了初步的商业模式，积累了一些核心用户。投资来源一般是天使投资人、天使投资机构。投资量级一般在100万—1000万元人民币。

A轮融资。公司产品有了成熟模样，开始正常运作一段时间并有完整详细的商业及盈利模式，在行业内拥有一定地位和口碑。公司可能依旧处于亏损状态。资金来源一般是专业的风险投资机构（VC）。投资量级在1000万—1亿元人民币。

B轮融资。公司经过前期投入后，获得较大发展。一些公司已经开始盈利。商业盈利模式没有任何问题。可能需要推出新业务，拓展新领域。资金来源大多是上一轮的风险投资机构跟投、新的风投机构加入、私募股权投资机构（PE）加入。投资量级在2亿元人民币以上。

C轮融资。公司非常成熟，离上市不远了。应该已经开始盈利，行业内基本处于前三名。这轮除了拓展新业务，也有补全商业闭环、写好故事准备上市的意图。资金来源主要是PE，有些之前的VC也会选择跟投。投资量级在10亿元人民币以上。

4.3 风险投资的运营及退出

4.3.1 风险投资的运营过程

风险投资的运营过程是由风险投资家将社会上的能够承受风险和长期波动的资金集合起来以权益投资的方式再投资到适合的初创企业中。创业企业获得充足的运营资金后，在风险投资家的监督或指导下，运用自己的行业经验及资源使企业价值得到提升，进而实现资本的升值。风险投资家再将升值后的企业权益套现获得回报并分配给投资者。简单来说，风险投资的一个完整循环包括融资、选择对象、投资增长和退出四个主要环节。

4.3.1.1 第一阶段：融资

融资是风险投资的第一步，从不同途径募集而来的资金在之后的投资过程中会通过基金管理人（或称普通合伙人，General Partner），在投资期内投入到基金管理人在募资时所承诺的投资领域内。因此，投资类型的明确和对拟投资的标的公司的初步规划，有助于帮助出资人（或者叫有限合伙人，Limited Partner）清晰地认识到管理人的投资策略和计划。普通合伙人要用6个月以上的时间，寻找有限合伙人，例如，说服金融机构和个人，募集资金。由于新项目前景未明，难以得到银行信贷的支持，风险投资正是甘愿承担巨大的风险，参与其创建过程，解决了高新技术企业早期发展的资金需求。

在正式的资金募集之前，首先需要预估和设定基金规模，这种预估能够有助于投资家在面对资本持有人时设计出最有利于产生双赢局面的募集策略。其次，要向出资人提供完整的投资策略、团队构成、过往业绩指标、激励机制等基本信息。募资是风险投资运行的第一个环节，从理论上来说，募资阶段是风险投资者与风险投资家双向选择的过程，但在实际操作中更常见的情况是投资者，即有限合伙人（LP）选择、甄别风险投资家（GP）的过程。风险投资家就是风险投资项目的管理人员，整个项目的盈亏生死都与风险投资家的决策息息相关。投资者更愿意选择有能力和对投资者忠诚的风险投资家，在这里，风险投资家的过往投资业绩（track record）、从业经验，甚至口碑都是非常重要的指标，因为这直接关系到投资的业绩和收益。

4.3.1.2　第二阶段：选择对象

募资环节解决了“钱从哪儿来”的问题，投资环节则需要解决“钱往哪儿去”的问题，即选择合适的创业企业进行投资。创业企业质量的高低对风险投资的成败有直接影响，这也是风险投资流程中最为重要的一个环节。正确地评估创业企业并做出正确的投资决策，对于降低风险和提高投资成功率起着至关重要的作用。

投资环节主要分为三个阶段：寻找投资项目，制定投资决策和签署投资协议。

（1）项目的收集及识别投资机会。

在寻找项目投资的阶段，通常风险投资家会与许多的企业家进行接触交流，了解对方的创业项目。这是风险投资机构都非常注重建设的核心能力之一，只有看到了足够多的项目，才能对行业和趋势有更深入的理解。优秀的投资团队都会根据自己的投资策略寻找直接投资范围内的项目。

如果风险投资家对企业家的商业计划表示了投资兴趣，他们会邀请企业家进行更加正式的商业会晤，同时对投资要点和框架达成一个共识，并形成一个纸面的协议，使得投资方和投资收益人的关系明确下来。在这其中，双方会就自己的要求进行商谈，如果风险投资家发现企业家的商业计划中的很多内容与预期不符，或不适合基金的投资方向，投资家则需要寻找新的投资项目。

一般来说，投资机构寻找到的投资项目数量越多，风险投资基金就越容易成功。其原因在于，一方面，寻找项目数量越多，代表风险投资家的投资机会越多；另一方面，接触的项目越多，风险投资家了解的信息越多，就越容易对项目的质量做出判断，这也是一个量变引起质变的过程。一般来说，风险投资行业的项目来源主要有三个：风险投资机构主动寻找、创业企业家主动联系、第三方推荐。风险投资家在进行项目选择时，往往要求被投资的科技型中小企业提供商业计划书。

（2）项目初审和初进。

风险投资家拿到项目建议书后，首先判断该项目是否值得研究，并与其他风险投资家进行讨论，进而与科技型中小企业者或项目创意人面谈。如果面谈成功，风险投资家会希望进一步了解更多的有关企业和市场的情况。

制定投资决策是指风险投资机构获得投资项目后需要迅速做出投资与否的决定，正确的决策会让整个基金获益，而错误的决策代表着一笔不小的损失。这也是风险投资过程中最为重要的部分。考虑的主要因素有：投资规模、技术和市场行业背景、地理区位和融资阶段等。

（3）项目精心审查。

这是对科技型中小企业进行的复杂的综合评价过程，需要由各方面专家组成的项目组完成。主要考察：①技术的独特性和产品的差异化程度。主要包括技术独特性、技术成熟性和技术来源、技术所有权情况。产品方面审查主要包括产品的可仿制性、可替代性等。风险投资家对创新产品、改进型产品的热情较高。②市场前景。③经营管理能力。④投资风险评估。⑤套现能力和潜力。

当风险投资家对企业家的创业项目有较强投资兴趣时，企业家往往需要向投资家再进一步提供商业计划书的细节，与此同时，一般情况下风险投资人会向企业发出正式的投资意向书，以获得拟投企业开放更多的信息和数据。此后，风险投资家会开始进行尽职调查（due diligence）。风险投资家必须要为自己的资本做出谨慎的投资选择，因此需要对投资企业有充分的了解和评估。尽职调查的内容基本上包括：公司的基本信息，如注册信息、股东结构等；财务状况信息，其中资产清单和债务列表需要特别给出；企业的重大经营活动和组织运营模式等。

这部分的调查往往会雇佣第三方专业机构协助。尽职调查的另外一部分则包括对拟投资企业的技术、产品、商务模式甚至个人信用做出很详尽的调查以供决策参考。在企业的尽职调查中也需要包含对企业公司的实地考察，甚至对企业客户的调查，才能够更加全面地了解被投资企业。

风险投资对项目的评估将参考以下的指标：

其一：有大量的潜在用户，即市场规模问题；

其二：用户需求的标准化，即规模经济问题；

其三：有一定的合格用户，即收入盈利问题；

其四：足够的原材料供应和销售渠道；

其五：政府对该行业无特殊管制；

其六：产品和服务的有效性；

其七：最佳的价格成本比；

其八：阳光利润。

凡满足以上指标的项目，风险投资商就会投资，缺少一项指标，称之为高级项目；缺少两项指标，则称之为边缘项目；其余的称之为垃圾项目。

（4）谈判、签约。

在基金做出确定投资的决策后，风险投资基金需要与创业企业签署正式投资协议。投资协议的签署将主要包括多少资金的投入，以及风险投资人占有多少股份。协议中会约定投资方式、期限、投资机构的权利义务以及其他保护性条款等。通常风险投资人会拿出一份条款清单来概括谈判涉及的内容。

签订协议阶段。双方也可先签署一个关于合同内容的备忘录，然后逐步涉及合同的细节问题。协议签订完成，企业得到资金。

此外，影响成交价格的因素主要有：风险资本的供求情况、退出的难度、风险的大小、资本市场的机会等。

表4-3　投资决策流程

公司制PE/VC投资流程		
投资流程	**流程产出**	**涉及部门**
项目收集	项目库	投资部
项目初审	初步尽职调查报告、风险控制报告	投资部、风控部、外部中介机构
部门内项目立项	立项决策或进一步尽职调查决定	投资部
向投决会申请项目立项	立项申请书	投资部
项目审查	投资决策或进一步尽职调查决定	投资决策委员会、风险控制部
投资决策	具体投资方案	投资决策委员会
投资决策风险评估	投资决策或进一步尽职调查决定	风险控制部
签署投资协议、划款	增值服务	董事长、投资决策委员会、风控部、财务部、律师事务所、其他外部中介机构
投资后跟踪管理	项目收益	投资部、风控部、财务部、法务部
退　出	—	投资决策委员会、投资部、其他外部中介机构

另外，在有几方投资方的情况下，被投资企业也会和不同的投资人签订补充协议，以覆盖不同投资方之间的不同诉求。投资协议是规范双方行为的有效契约，也是风险投资家与创业企业家订立的委托代理协议。

4.3.1.3 第三阶段：投资增长

当风险投资的投资过程完成后，为了确保投资目标的实现，风险投资机构会对创业企业进行监督和管理。不同于二级市场购买股票、债券等投资方式中投资人与被投企业仅在投资和收回投资两环节发生交互，风险投资的投资人在投资后对创业企业的监督和管理构成了风险投资不同于其他投资的一项特征。

风险投资直接参与风险企业的经营管理目的是增加风险企业的市场价值。这一阶段风险投资与高新技术企业紧密合作，主要作用是协助企业尽快成长，使新产品更加成熟，尽早占领市场。此时，企业发展最迅速也最需要资金投入，往往十倍甚至数十倍于早期阶段。风险投资公司必须配合企业发展，利用各种金融工具扩大融资，包括股票上市、可转换债券等，吸引更多的投资者。

投资监督。风险投资机构通常不会过多干预创业企业的日常运作，但为了避免在投资期内出现信息不对称，风险投资机构会要求创业企业定期提供详细的财务报表、运营数据及其他相关信息。一般来说，投资机构都会在创业企业占有董事席位，拥有投票权，以此来约束企业的一些不正常行为。除此之外，有些风险投资机构还会向创业企业指派财务人员，以此降低有可能出现的投资风险。

投资管理。风险投资机构的目的是使被投资企业实现增值，在企业发展的重大决策上根据自己的经验向创业企业家提出意见和建议，并为企业的战略发展提供咨询。除此之外，风险投资家也会向创业企业家介绍自己的人脉和资源，向企业介绍优秀的人才，当企业需要资金支持时介绍融资渠道等，以协助企业更好发展。

风险投资家通常会通过由企业提供的一份内部文件来了解公司的运

行，管理公司运营。这份文件中应至少包含公司的财务报告，如收益表、资产负债表等。报告中也可以含有未来的发展规划、潜在竞争对手分析等。报告中应充分体现可能会影响到投资风险的各种因素，使得投资家对风险投资能够获得一个较为全面的认识。很多的风险投资家也会要求被投资企业进行外部审计。在传统财务报告的审计中，外部审计是由专业的会计事务所完成，而风险投资管理过程中的这种外部审计通常是由风险投资家来担任，他们通常是相关领域里的专业投资人，或者来自专业的咨询公司。外部审计是为了将公司的经营进行全方位的比较，与市场中的其他公司甚至是行业领军企业进行比较。在外部审计的过程中，也经常会带来新的投资机会，刺激发展更加健全的投资策略，有利于被投资公司的健康发展。

风险投资行业往往涉及多个投资领域，因此遇到各种各样的风险因素。在风险投资的任何阶段都有可能产生风险，出现经营危机，因此危机处理也是风险投资中的一个内容。大多数的经营危机主要表现为现金流危机，其成因也是多种多样，主要有管理不善、盲目扩张、激烈的行业竞争、超额的负债和大规模杠杆等。在面对危机时，风险投资家也有很多的策略可以帮助企业渡过危机，降低投资失败风险。一种常用的方式是资金周转，这种方式会给风险投资家带来较大的时间压力，并且需要进行额外的融资活动。在这种情况下，公司的管理层可能要面临重组，必要的时候甚至需要更换CEO或改变董事会决策。如果公司的财务状况进一步恶化，资金流动性的加强也不能改善经营状况，风险投资家可能需要考虑出售公司股权。此时的出售将很可能会导致风险投资家不能收回原始的投资资本，形式上造成了资产减值。

4.3.1.4　第四阶段：退出阶段

风险投资的退出就是对资本的回收并兑现资本增值的部分，获得收益。风险投资在进入企业时是以股权的形式，投资人也会参与企业的管理和运营中。风险投资在退出的时候，本质上是一种股权售出，把股权转换成资金的形式。风险投资的退出时机和退出方式对于整个风险投资流程的收益有重要影响。即使在前期的项目选择和项目管理中，投资人都做出了正确的决策，企业也获得了发展，如果在不合适的时间选择了不合适的退出方式，也有可能会造成整个投资的损失。因此研究退出也是风险投资中的重要环节。

由于各种风险投资的项目类型不同，一个成功的退出需要考虑两个主要的因素，分别是宏观市场状况和公司发展状况。在宏观因素的考虑中，风险投资家需要考虑到经济周期、公司成长阶段、行业的属性、金融市场的周期等。预计退出时间可能是影响整个风险投资盈利能力的最重要的因素之一。

风险投资的退出可以是部分退出，也可以是全部退出。对于部分退出，风险投资家在退出中先进行一个中间步骤——把股权中的一小部分转让给第三方，这就是部分退出的形式。

风险投资机构的退出主要有四种形式：首次公开发行（IPO）、收购并购、创业企业回购及创业企业清算。

公开发行是创业企业在公开市场上发行股票的行为，风险投资机构可将其持有的不可流通性的权益转换为流通的股票，通过首次公开上市向社会公众投资者出让股份，实现营利性和流动性，实现投资套现。这也是风险投资家最愿意接受的退出方式。

收购并购是指风险投资家将持有创业企业的权益出售给第三方的权

益交易。第三方可以是企业也可以是其他风险投资机构。相比IPO，收购并购的手续简单，周期更短，但由于交易并非在公开市场上进行，可能存在由于买方少而导致企业价值被低估的情形。

创业企业回购是指创业企业的管理层或员工购买风险投资机构持有的权益的行为，是创业企业家与风险投资机构商议的结果。由于创业企业的资金主要用于发展运营，管理层和员工不会有大规模的资金，因此相比IPO 和收购并购，企业的估值会更低。

清算是指当创业企业经营状况与预计目标相差较大或无法融通到资金还债时进行的破产清算。在这种情况下，风险投资机构可能收回部分投资资金或无法收回投资资金。清算是风险投资机构退出的无奈之举。

当企业财务状况不利或者与股东沟通不畅时，往往会出现一个受损的退出。当企业的财务状况不利时，企业会尽力减少它从各种金融交易活动中带来的损失，此时的退出活动就不能帮助风险投资家和有限合伙人实现预期收益，因为不得不为了退出而减少收益甚至蒙受损失。在其他股东不愿意配合退出的情况下，强行的退出也会存在壁垒。

4.3.2　风险投资的风险分析

针对风险投资过程，我们可以把风险因素划分成以下几类。

一是技术风险。技术风险是针对高新技术产品开发的投资过程中，由于预期的技术没有实现，导致项目失败的风险。技术的发展自身就有很大的风险，其不确定性体现在前景、效果和技术生命力及辅助技术等方面。在融资阶段，企业为了拿到风险投资，往往会利用一个尚不成熟的技术去体现自己的概念和想法。在顺利融资之后，这些技术是否真能被应用在实际生产中，则具有不确定性。如果在后期技术革新和提升的过程中，技术研究出现停滞，导致技术不能被真正应用在实际生产中，风险投资者就因此承受了风险；也很有可能，技术本身就存在缺陷，随着研究的深入，技术的重大缺陷被逐步发掘，但被投资企业在短时间内无法找到一个合理有效的解决方案或替代方案，于是技术的实用性遭到严重破坏，给投资方的投资带来风险。同时，市场中其他 3 类似企业的技术发展也会给被投资企业带来风险。如果市场上的技术革新速度超过被投资企业的技术研发速度，那么被投资企业耗费大量投资完成的技术将很快在市场上失去竞争力，较短寿命的技术不能为风险投资人带来预期收益，从而增大了投资的风险。行业互补领域技术上的发展状况也会影响到被投资企业的技术风险。以电商为例，在互联网技术高速发展的今天，从技术上实现电商并不困难，但是如果没有配套物流行业的快速进步，电商行业将不会发展到几乎改变人们购物习惯的庞大规模。因此，对于风险投资者，除了评价被投资企业的技术发展外，也需要考虑其互补领域的技术发展状况，这都是技术发展中可能存在的风险。

二是市场风险。市场风险是指宏观市场的经济活动对投资项目盈亏影响的不确定因素。其中，市场的接受度、市场规模和市场竞争力都是重要的影响因素。由于风险投资的项目往往是高新技术产业或者是新兴行业，行业的市场前景仍然处在一个尚不明晰的状态。

首先，市场的接受时间是一个不确定因素。新的产品投放到市场中后，市场对它的包容度能有多少，从开始的无人问津到实现企业的预期，这期间要经过多久。在这段时间内，不仅仅要维持生产，还需要投入资金用于产品宣传、性能提升等，以帮助产品尽快进入市场中。这期间的不确定性对投资者来说就是风险。

其次，假设新兴产品最终被市场接受，但其市场容量却难以估计。市场对新兴产品的接受程度决定了该行业是否能存在，但是该新兴产品的市场容量则直接决定了产品的投资价值。对于风险投资者来说，应该尽量减少前期投资巨大但市场容量较小的行业。这样的行业容易出现资金的流动性风险和违约风险，使得风险投资者的投资活动暴露在更大的风险中。

最后，市场中其他同类型公司形成的市场竞争风险。这种风险往往与技术风险共生。当同类型企业的竞争能力较强时，会压缩被投资企业的市场份额，进而降低盈利能力，给行业的风险投资者带来不确定性。

三是财务风险。生产投资项目在不同的阶段都对现金流有需求，如果现金流的供应时机不能与项目需求相匹配，就会出现资金被滥用或闲置的状况，这就造成了财务风险。财务风险的产生将有可能导致投资项目的失败。这种情况下，除了宏观经济带来的通货膨胀或紧缩外，投资项目也可能因为自身行业因素而出现大量资金缺口，从而增加了风险。因此，在企业发展的每一个阶段都需要有足够的现金流适时地补充，以维持企业的运营，促进企业的发展。合理的财务分配计划，能够保障被投资企业的运营，对于风险投资人来说就是降低了投资失败的风险。

财务风险主要指资金筹集的风险，创业企业由于不能及时筹集到发展所需的资金，或因为筹资成本过高而带来资金周转困难。财务风险还包括资本结构风险、偿债能力风险、盈利能力风险、财务综合指标风险等。为了应对财务风险，风险投资公司应对风险企业的财务状况、财务需求计划的合理性、股东结构等进行评价。

四是管理风险。管理风险主要是投资项目管理者在经营管理的过程中由于判断失误而对项目产生负面影响的风险。这与管理者自身素质、决策机制和生产组织都有密切关联。一个健康发展的企业除了要有经得起市场考验的技术优势外，其管理层也应是具有高素质的人才，管理层应具有强烈的责任心和耐心，对市场情况的判断有敏锐的观察力。如果一个被投资企业管理层的管理水平不足，不能从市场反映的信息中及时捕捉到信号，对企业发展做出有利决策，将会使企业错失发展良机，给该企业的风险投资者的投资造成风险。对企业的发展造成影响的除了企业管理者之外，还有整个企业的组织架构。一个合理的组织架构应该能够在保证企业运行效率的同时，减少不必要的部门设置和岗位设定，实现管理效率的最大化。不完善的组织结构，容易使企业运行滞缓。风险投资的项目往往都是新兴行业，错过了市场发展时机后，企业可能就面临难以生存的风险，对于风险投资人来说就是增加了投资失败的风险。

五是环境风险。环境风险主要是指在风险投资的过程中，相关政策和法律法规的改变对项目产生重大负面影响的风险。环境风险包含了在投资过程中的市场环境、政策环境甚至自然环境。政策环境和市场环境的影响和上文所述的风险因素往往是相互交织、共同作用的。值得一提的是，自然环境有时也是重要的考量因素。举例来说，高精度加工行业，其生产车间就不应该建立在地震多发或台风多发的地段；如果大型精密仪器企业的产品是供应给大学或科研院所进行科学研究的话，其市场销售部就不应距离这些科研院所过远，至少应该保证在一个城市内；大型超市的选址应在靠近居民区的繁华地段；等等。这些例子都说明，自然环境和地理位置对于企业的发展也会有重要影响。风险投资的投资对象往往是新兴技术产业公司。这些公司在考虑自身的选址时，也应该综合自身的市场定位和预估的市场期待，选择合适的自然环境，不能简单地凭感性因素做抉择。

六是生产风险。生产风险是指由于事前不能精确预测市场容量大小，致使实际的生产能力与实际的市场容量不一致而产生的风险。生产风险来源于创业企业的生产人员状况、设备适用性、原材料的可获得性、生产过程等。企业现有的生产人员、生产设备、原材料等生产要素，能否满足风险企业产品生产的要求，以及企业能否负担高科技产品要求的特殊高素质人才、生产设备、原材料等，都会给创业带来生产风险。

七是代理风险。代理风险产生的主要原因是由于信息不对称，即创业企业家相对于投资机构拥有更多的信息，具有信息优势。信息不对称导致两种后果，即逆向选择和道德风险。事前的不对称信息导致逆向选择，事后的不对称信息导致道德风险。当风险投资机构对创业企业进行投资时，形成了委托代理关系。创业企业家负责企业的日常经营管理，更了解企业的运营状况。创业企业利用信息优势可能做出危害风险投资机构的事，被称为代理风险。

在风险投资的过程中，我们要综合考虑以上风险，并对具体的投资项目做详细评估，研究各类风险投资项目的特点，明晰以上各种风险发生的可能性，全面判断投资的项目风险，以提高风险投资的项目成功率。金融风险很大程度上来源于经济风险，而经济风险恰恰是由未来不确定的生活变化而引起的。金融市场有自己的运行规律，对其中的商品进行合理定价，并随着投资者的信息接收的变化，全球或国家的经济变化、公司行业的变化等因素呈现波动状态。法律法规、税收、货币和财政政策等会在很大程度上影响一个地区的经济状况。稳定且合理的政策制定有助于规范市场，减少经济活动的不确定性，进而减少金融风险；反之，则会加重公司在非经营活动以外的负担，降低经济市场的活跃度，增加了市场未来的不确定性，进而增加了金融市场风险。经济由行业组成。政府政策对某一行业的态度也会影响经济状况。有些行业发展较为稳定，在宏观经济周期中依然能够保持自身的平稳发展。有些行业则具有明显的周期性盈利特征。

全球和国家的宏观经济发展以及各国中央银行的政策都给经济和行业的发展带来不确定性，也就是风险，这部分风险通常被认为是系统性风险，即通过有限数目的投资品组合并不能分散化的风险类型。

当我们深入分析问题就会发现，投资者也面临着各个企业带来的非系统性的、行业特性的风险。在现代投资分析理论中，非系统性风险往往被认为是可以通过降低投资品之间的关联性，增加投资品项目数量而分散去掉的。对于充分分散化的风险投资组合，非系统性风险不会对其产生影响，但是非系统性风险对一个公司企业的管理运行会产生一定的作用。对于投资品没有充分分散化的投资人来说，非系统性风险也会影响他们的收益情况。通过2008年的全球金融危机我们也认识到，非系统性风险往往也会演变成系统性风险。在当时，由于一些大型投资银行糟糕的信用风险管理，最终导致了违约风险带来的影响席卷全球，重创全球金融市场。

风险管理可以控制部分风险，但是不能控制所有风险。举个简单的例子，一个公司或许可以控制交易对手的违约风险，但是不能决定市场利率的走势。所以在风险管理中，一项重要的工作就是确保可能的风险已经被充分披露，并且处在自己能接受的范围内，简而言之，就是必须对风险进行评价。

风险投资项目的估值是风险投资的核心内容之一。一个成功的风险投资既取决于投资前期的项目评估，也取决于投资中后期的准确判断，这一切都离不开对项目的准确估值。准确的估值能够帮助投资者清楚地看到投资项目的潜在价值。项目的估值主要是由客观分析的结果和主观倾向共同决定的。

在项目投资过程中，主观倾向并不能量化表示，客观分析的结果则可以用很多的公式模型来进行估算。风险投资家用科学和人文的手段考评项目的价值。科学手段，是用各种分析工具组合来计算一些关键性的参数，可以把形形色色的复杂的项目抽象成一些参数化的表示，便于进行比较和判断，有助于进行正确的价值投资。这些分析工具也可以帮助投资人对宏观市场状况、行业竞争等方面有一个全方位的把握。

明晰风险投资项目的类型和内容，通过整合各方面的数据源，对项目开始进行估值。在各种数据库的大量数据中，找到需要的数据，并借用到各种分析模型和公式中，得到需要的目标参数，便于投资人能够对风险投资项目进行价值判断。价值评估中，最常使用的参数就是风险因素和收益。风险因素的多少、每个风险因素的风险程度决定了投资项目成功的概率。如果风险过高，而被投资企业的抗风险能力有限，则项目有很大可能会失败，则投资人就会面临损失。风险较小的投资项目往往收益也较低，达不到投资人的预期收益要求。在风险和收益之间进行适当的权衡判断，是风险投资项目价值分析的重要节点。

4.4 风险投资在国内的现状

4.4.1 中国风险投资发展现状

中国国内生产总值（GDP）从20世纪90年代起，几乎一直保持着7%以上的高速增长。数字增长的背后是商业的快速发展，大量公司不断注册上市。健康的宏观市场状况和政府的鼓励性政策措施都刺激了市场上的资本运作行为，最大化实现市场中的资源有效配置。随着我国的风险投资行业的迅猛发展，随着技术水平的不断提高，民众创业的热忱也在不断增加。

现阶段，我国的风险投资项目的投资中心逐渐向创业的初期进行转移，即在创业的种子期和起步期的投资呈上升趋势。处在创业重建期的投资则逐步降低，这表明风险投资人越来越重视投资的初始阶段。在这个阶段投资，虽然面临较大风险，但是收益率也相应较高。我国的风险投资退出方式仍然以并购和回购为主，而研究表明在被投资公司的上市阶段风险投资退出是相对适宜的。

4.4.1.1 可投资本存量逐年增长

2002年至2016年上半年，中外创投可投资于中国大陆的资本存量逐年增长，但增速有所放缓。2016年上半年可投资于中国大陆的资本存量的增加率为5.1%，总规模达4164.82亿元人民币。2016年上半年中国创业投资市场基金募资活跃度虽然有所下降，但大型机构的募资金额仍然十分庞大，致使募集总额下降幅度并不明显。

可投资本存量的增长体现了中国风险投资市场的正向发展。全球金融危机之后，中国经济持续高速发展，大量中小型科创企业创立，急需外部资金支持以获得企业的快速成长，这就刺激了中国风险投资市场的进一步扩大。市场的需求引导风险投资基金的增长，国内资本在募集资金中的比重逐步增加。

2014年之后，由于互联网领域的兴起，诸如大数据、“互联网+”等概念的提出，新一阶段的技术创新创业热潮也在翻涌，市场的风险投资募集金额受到驱动再次呈现大幅上涨趋势。受经济结构调整影响，2017年后的资本市场系统性风险加大，风险投资市场正处于相对低潮阶段。

4.4.1.2　募资活跃度波动较大

2016年上半年中外创投机构共新募集173支可投资于中国大陆的基金；已知募资规模的126支基金新增可投资于中国大陆的资本量为788.60亿元人民币；平均募集规模为6.26亿元人民币。

中外创投机构经过2015年大量募资后，2016年上半年基金募集活跃度有所下降，但是像IDG技术创业投资基金这种大机构募资额仍然十分庞大，如2016年6月底IDG技术创业投资基金与光大控股联合设立目标规模为200亿元人民币的IDG光大产业并购基金，首期已经募集完成100亿元人民币。

2003年以来，中国风险投资基金的募资额出现了两次大的波动。2010年来，中国的GDP迅猛增长，良好的市场行情刺激了企业的发展，促进了风险投资市场的繁荣。2014年，互联网创业热潮在中国兴起，带动了相关领域如软件行业、电子加工业甚至服务行业的整体增长。在中国互联网热潮的影响下，许多新创立的中小企业需要风险投资基金的支持以扩大经营，进一步促进了中国风险投资行业的增长。风险投资市场的募资额的波动与市场的行情和变化息息相关。

4.4.1.3 人民币募资活跃度高于外币募资

2016年上半年创投市场在募集数量方面，人民币基金仍占据绝对优势，上半年共新募集完成160支基金，募资总额为548.96亿元人民币。外币基金方面，上半年新募集完成的外币基金为13支，而募资总额达239.64亿元人民币，平均规模为21.79亿元人民币。

在2009年前，中国风险投资市场的主力资金来源于海外投资者和投资机构，外币基金是资本主体。从2009年以后，受全球金融危机的影响，外币资本投资能力受到重创，在中国的投资出现了下降。与此同时国内资本则迅速把握机遇，在中国风险投资市场迅猛发展。大量资金的进入，进一步反向促进了风险投资市场的发展。现阶段，中国风险投资市场的人民币基金的活跃度仍然高于外币。随着全球经济一体化的发展，以及中国风险投资市场的进一步开发，人民币资本会逐步流向海外投资市场，同理，海外投资市场也会有更多的资金流入中国，实现一个整体的繁荣。

4.4.1.4 投资规模趋于理性

2016年上半年中国创投市场共发生投资1264起；其中披露金额的1052起投资交易共计涉及金额584.95亿元人民币。在披露案例的投资交易中，平均投资规模达5560.40万元人民币。2015年，股权投资市场经过疯狂上涨后，2016年上半年，创投市场开始回调，中国创业投资市场趋于理性。另外，创投机构的投资仍然主要集中在前期，但成熟期的创业企业募资金额很大。

从2014年兴起的互联网领域的热潮到了2016年逐步降温。这种降温带来的明显结果就是由其繁荣所带动的风险投资基金募资额的增长放缓。互联网科技创业领域的降温体现了市场正在从狂热追捧、紧跟潮流发展为一种理性的审视态度和投资行为。市场的理性有助于整个新兴互联网科创行业的进一步规范，在市场规律的作用下，优胜劣汰，有助于整个领域的进一步发展，能够促进健康的市场状态，并引发一个长期的繁荣景象。

4.4.1.5　创业投资行业集中于新兴行业

2016年上半年，互联网与IT行业成为风险投资行业中的最大受益者（互联网与IT行业案例数分别达到了380件和204件），在当期的总案例数中各自占比达到30.1%和16.1%，而资金总额达到294.26亿元人民币，占到2016年上半年中国风险投资市场投资总额的50.3%。单单互联网行业的投资额就达到了219亿元人民币，占到同期风险投资总额的37.5%。除了互联网和计算机领域的迅猛发展外，电信及生物医疗领域也取得了较为可观的投资金额。传统行业如建筑、纺织服装和能源矿产则呈现疲软态势，显示出现阶段风险投资主要倾向并集中在新兴技术领域。

风险投资行业天然具有高风险的特征，因此需要有高回报的补偿才能促使投资者把资金流向创业公司。以计算机互联网技术创新为代表的新兴技术往往由于其新颖的特质能够改变旧有格局，开拓新的市场，因此具有潜在的巨大利润空间，符合风险投资者的投资需求。

4.4.1.6 创业投资地域集中于一线城市

创业投资地域集中于一线城市。2016年上半年风险投资案例1166起，其中403起发生在北京，190起发生在上海，114起发生在深圳，各自占到当期全国总风险投资案例的34.6%、16.3%和9.78%。北京、上海和深圳这三座城市的风险投资总案例占到了全国的60.6%，并且风险投资金额达到417.8亿元人民币，占到全国同期中风险投资金额的72.0%。风险投资正大量地集中在一线城市。

4.4.1.7 创投资金偏好早期项目

风险投资基金对创业企业是否容易获得，以及获得后基金所发挥的作用都与创业企业自身所处的行业发展阶段相关。随着企业发展，宏观上看相关市场行业的成熟性逐步增加，互为替代的竞争性企业的数目也逐渐增加。企业本身的活动和业务水平也随着自身发展而变化，经济活动的风险和收益都不同。

风险投资基金更多地集中在处在成长期的企业，具体包括初创期和扩张期，即企业发展中的早期。早期阶段的企业通常发展迅速，尤其是靠技术驱动的新兴企业常常也能够为投资者提供丰厚的投资回报收益。风险投资家也正因为企业早期阶段的这些特征而对其有更多的投资偏好。

4.4.1.8 创投退出活跃，新三板挂牌成为另外一个退出通道

现阶段，风险投资主要有四种退出方式：首次公开发行（IPO）、收购并购、创业企业回购以及创业企业清算。现阶段，我国的风险投资的退出主要集中在创业企业的新三板挂牌上市阶段，占到总退出方式的85.4%。新三板是中国中小企业的股份转让系统。现阶段中国的中小企

业中，科技创业企业占有很大的比例。IPO 的退出方式仅占到6.3%。与IPO 相比，新三板对挂牌企业的持续经营能力，营业额和净利润等财务标准没有明确规定，挂牌公司有较大的弹性空间。新三板的上市公司可以自主决定何时融资，以及是否要定向发行等。新三板的上市成本低，周期较短，政策审批比主板简化，对于谋求更大融资规模的企业有很强的吸引力。新三板是我国证券融资的一个特殊现象，有利于中小型企业的融资发展。

4.4.1.9　创投投资整体回报高于公开市场投资回报

亚太地区创投投资整体回报高于公开市场投资回报。21世纪前15年，整个亚洲的风险投资行业的平均回报率达到了12.15%，显著高于公开市场回报率9.93%，风险投资行业强势走高。新兴技术创业公司是现阶段风险投资基金的主体投资对象。

风险投资由于其高风险的属性，因此风险投资家必然会对投资项目追求高回报。从第三章的风险与收益的关系中我们已经了解到，在无风险收益的基础上，市场中的理性投资者每多承担一分风险，便需要更多的收益对其进行补偿，这是投资者的损失厌恶性的特征决定的。风险投资对象往往是新技术中小型企业，相关市场开发不完全，受宏观市场的影响较大，具有很高的损失概率，对投资家来说投资风险较大，因此需要更高的收益来获得对承担高风险的补偿。正因为风险投资高风险的特征，出现高于市场平均水平的收益现象符合客观金融规律。

4.4.2 中国风险投资发展面临的突出矛盾和问题

4.4.2.1 风险投资发展面临的突出矛盾

（1）投资资本总量高与管理规模低，抗风险能力差之间的矛盾。

与国外的风险投资资本相比，国内成规模体量的风险投资公司不仅在数目上偏少，而且在资本实力上也逊色一筹。虽然我国风险投资的总体资金量很高，但是很多公司的管理规模偏低。我国的很多风险投资公司的管理规模只有1亿—3亿元人民币。这样的公司往往投资能力有限，同质化严重，为了保证收益，常常会把资金投入已经趋于成熟，市场前景明朗的项目中去。在这样的行业中进行投资，风险较低，当然伴随的收益率也较低。尽管收益率较低，但是对于投资公司来说是保证了投资资本的安全，获得了稳定的投资收益。对于这样的风险投资公司，它的抗风险能力较差，容易在危机中发生重大损失。

（2）处于研发阶段的新兴高科技企业应为政府财政拨款的主要对象与投资集中在企业发展较为成熟的中后期之间的矛盾。

现阶段，我国风险投资来源主要是政府财政拨款和私人资本投资。理论上看，处于研发阶段的新兴高科技企业应该是政府财政拨款的主要对象，此阶段的明显特征是其他资金来源少，而外部效益较大。但是实际上，大多数风险投资公司的投资都集中在企业发展较为成熟的中后期，使得以政府财政拨款为资金来源的风险投资公司对市场的促进作用不甚明显。随着私人资本投资的兴起与活跃，很多国内外资金实力雄厚的大公司都开始以战略投资者的身份加入风险投资中去。尤其是海外风险投资基金的进入，对于我国风险投资业的完善和新兴企业的发展有重要的影响。

（3）应由市场中的企业、金融机构承担风险投资与政府、国有银行过度参与风险投资之间的矛盾。

风险资本成分单一是现阶段中国风险投资业的重要问题。在我国的风险投资中政府仍然占有很大的比重，这样的结构在稳定时期能够保证风险投资市场的稳定发展，但是在危机来临的时候，由于风险投资的失败将使得大量资金流失，对于承担行政职能的政府而言构成财政负担。因此，从国家财政政策的角度来看，政府和国有银行不应该过度参与风险投资，可以在政策上予以协助，但是在资金上，应该把这部分的责任还给市场，让市场中的企业、金融机构甚至是个人来承担起风险投资的投资人的角色。

（4）风险投资主体对同时擅长投资和企业管理的综合型人才的需要与现阶段人才缺失之间的矛盾。

准确的风险分析判断能够帮助我们选择合理的投资项目，而企业的风险管理，帮助提高企业的抗风险能力。在被投资公司获得风险投资人的资本支持后，投资者和被投资者之间构成了一定程度上的产权关系。这就要求被投资方在经营公司或企业时也要把投资方的利益考虑到决策中来。投资人自身也应当对被投资公司起到监督职能，以保证自己的资本被正确地使用在被投资企业的运营中。

（5）风险投资业对动力机制的需要与现阶段制度尚未完善之间的矛盾。

风险投资的对象主要是高新技术企业，新成立的这些公司通常不具有太大规模，但是在公司的早期发展中，需要有大量的资金用来调研和拓展市场，同时提升自身技术，推销自己的产品。现有的证券市场投资的入市门槛对于这些企业来说过高，其他融资手段有限。同时，我国现阶段的风险投资法律法规还不健全，使得投资人的权益不能被完全保障，风险投资的相关鼓励政策尚不完善，投资人的投资动力不足。

4.4.2.2 风险投资发展面临的主要问题

（1）生态系统不完善和母基金缺乏。

政府政策、法律法规和外部市场是投资的“环境”，风险投资的投资人、投资家、企业家和资金等主要组成项目是风险投资市场生态环境中的“内核”。丰富且健康的外部环境有利于风险投资的健康运行，是整个生态系统形成良性且自治的稳定状态所需的条件之一。以专业的创业人才和优秀的风险投资家为核心，所构成的风险投资项目则是风投市场中的发展“内核”，与环境共同作用，相互影响。成功的风险投资项目为政策和市场环境带来积极的促进和影响；成熟和包容的政策及市场环境也为风险投资项目的成功提供了稳定的外部保障。

风险投资市场在我国的发展已经有三十余年，在这期间，总体上投资总量不断上升，资本结构日趋完善，然而风险投资市场的生态系统仍然存在许多问题。

从外部环境上看，风投市场的环境仍然不容乐观。风险投资市场的相关法律法规建设仍然有待提高，更多相关细节急需补充。由于风险投资主要集中在企业的初创时期，政府对处在这一阶段企业的扶持力度仍然有限，不能有效鼓励人才进行技术创新和产业革新。相关法律制度在保护知识产权这一方面的薄弱，也给市场创新造成了消极影响。风险投资流程的监管也存在较多缺陷。因此，在风险投资的生态环境中，首先需要通过相关法律法规，完善风险投资的外部“环境”，是“内核”发展的首要保障。

（2）“全民PE”热潮中非专业型风险投资机构大量涌现。

在我国，风险投资行业的迅速发展及低准入门槛吸引了一大批来自各行各业的“非专业人员”，他们纷纷设立私募股权投资机构，形成了一股“全民PE”的热潮。相比海外风险投资管理人多为具有丰富投资经验的“专才”，我国风险投资机构的管理者中不仅有投资专才，还有诸多社会精英、娱乐明星、退休官员等，他们运用资源和人脉在创业投资领域闯出一片天地。

“全民PE”热潮的成因，一方面在于中国资本市场过去几年连续走高，很多行业发展出现投机性；另一方面在于2009年年末创业板推出，较高的市盈率水平使得创业投资机构有机会实现较高估值水平的公开市场退出，水涨船高之下激发了非公开市场投资的热情。

①“全民PE”的繁荣景象之下，蕴藏着投资风险。

随着行业的发展和市场竞争趋于完善，资本市场逐渐回归理性，风险投资机构的项目筛选能力、投后管理能力、风险管控能力都受到了巨大考验。很多热衷于赚快钱的风险投资机构由于不具备识别和管理投资项目的专业水准，而在日益完善的市场竞争中遭遇惨败，进而使投资人蒙受损失。

在“全民PE”的热潮中非专业型风险投资机构大量涌现，相比较于专业的风险投资机构，非专业机构的风险投资有较高的失败率，增大了风险投资市场的不良投资率。非专业机构给风险投资市场带来的失败案例，增加了普通群众对风险投资高风险的“恐惧”，使得风险投资市场的资金募集环境恶化，不利于本土机构投资者的投资经营。

②风险投资需要培养专业的风险投资管理人才。

风险投资包含整个风险投资行业的一般专业性以及项目选择中的技术专业性。风险投资不同于传统的投资行业，与股票、债券、期货等投资行为的交易过程完全不同，需要培养专业的风险投资管理人才。风险投资涉及资金的募集、风险投资项目的选择、被投资企业的管理和最终的退出。风险投资家在投资之后还需要对企业进行管理和监督，在这期间，如果风险投资人没有专业的管理素质，不仅对企业的发展没有积极引导的作用，且有可能阻碍企业的成长，使得企业错失发展的良机。风险投资在后期最重要的环节就是退出。通过在合适的时间退出，风险投资机构以股权换资金，把账面上的投资收益转换成实际的投资活动现金流，实现资本盈利。退出的时机和退出过程所消耗的时间都需要专业的分析才能确定。不合适的时间退出会影响最终收益，减少资本回报；过长的退出时间则不利于资金开始下一轮的风险投资。风险投资行业的健康发展依赖于从业人员的专业性。非专业型风险投资机构大量涌现不利于风险投资市场的规范和进步，是投资人急功近利的结果，为了解决这一问题，应当加大对专业人才的培养。

（3）被投企业繁荣“烧钱”之下持续盈利能力需要仔细考察。

①在风险投资机构的雄厚资金支持下，被投资的创业企业得以通过“烧钱”的方式实现短期的较快增长。

例如，一些互联网创业公司通过派发补贴的方式吸引新客户使用公司产品，试图用较低的产品价格培养起客户的使用习惯。由于互联网创业公司属于轻资产公司，且很多公司尚未实现盈利，因此难以通过传统的现金流折现、盈利水平估计等方式进行公司估值，所以创业投资机构对互联网创业公司的估值常常采用用户数、活跃用户数乘以一定比例值的方式来进行。

这进一步强化了创业公司通过补贴用户做大用户基数进而提升公司估值水平的动机。很多被投企业并不具备健康的盈利模式，因而不具备持续稳定的盈利能力。一方面，由于很多创业企业进入行业的门槛较低，商业模式可复制性较强，产品存在同质化。当模式相近的创业企业进入市场，并争相采用“烧钱”的方式争夺市场份额时，投资人的资金大量投入却不一定能够获得预期成果。另一方面，当针对用户的补贴减少甚至停止时，大量价格敏感型用户迅速减少对产品的使用，较低的客户忠诚度和不稳定的客户偏好使得创业企业难以实现健康的持续生存。

②“烧钱”的快速增长导致风险投资策略逐步向后期较为成熟阶段转移，不利于高科技创业融资。

风险投资需要关注具有一定盈利能力的企业才能保证高风险之下的收益补偿。对于新成立的高科技企业而言，由于行业内容往往缺乏现有的数据支持，难以准确估算市场规模。企业产品在市场中的接受度、客户的忠诚度都是未知的概念，给未来盈利能力的估算带来了巨大考验。在这一背景之下，保守的风险投资策略会逐步转向已经有较为成熟技术并成功挖掘市场的专业企业。由于市场中已经有较为成型的技术，企业的技术原始研发压力较小，主要工作会集中在技术的发展进步中，成本相对较低，未来市场前景和盈利规模有较高的可预见性。风险投资的保守化会使得投资方向从新兴的高科技产业逐步转向一些传统行业。这种转移的趋势尽管保障了风险投资的收益，但堵塞了高科技创业的融资途径，挤压了它们的融资空间，不利于科技的发展和创新。

③克服“烧钱”模式的弊端需要加强高科技企业的盈利能力。

首先需要加强企业的专业化。创业企业自身的专业化也是风险投资成功的重要因素之一。创业团队需要对自己的创业领域有充分的认识。高科技企业发展的核心是技术，创业团队对自己的技术要有充分的认识和理解，了解市场上现有的类似技术所存在的缺憾和不足，对自己的技术发展有明确的定位和把握。创业团队也应当有能力进行技术的研发与革新，或者有实力招徕专业人才进行技术的研究。

高科技风险投资企业还需要加强对资本市场的认识。创业团队在“埋头苦干”的过程中，不能完全不考虑市场需求和市场发展状态，只专注于自己的技术研究。风险投资的商业行为本质上要求其投资是以相当的收益作为回报的。企业的研究成果最终还是需要进行产品化、市场化。如果高科技企业耗费大量的投资资金，研发的产品在市场中没有接受度，不受消费者的青睐，其盈利能力会受到极大的损害。

为了保持风险投资企业的盈利能力，风险投资家需要加强对企业的管理监督。2001年的安然破产事件告诉人们财务账面上的资产增长和高盈利并不代表企业真实的营业能力。风险投资后的企业管理对企业未来的盈利能力有重要影响。国外优秀的风险投资市场发展模式已经证明，风险投资进入企业的管理层，参与企业管理与监督有利于初创企业的发展。风险投资参与企业管理已经成为风险投资中的重要环节。在投资协议达成后，风险投资机构与企业家之间自然形成了委托代理关系。风险投资是一种股权投资，以资本换股权，风险投资家与企业家之间的关系变成了公司股东与管理层之间的关系。由于公司所有权与管理权相互剥离，信息不对称的问题就此产生。受信息不对称的影响，在这种委托代理关系中，为了避免道德风险的产生，减少双方的争议，使投资资金实现其效益的最大化，为双方共同盈利，风险投资家需要对企业家采取一些行动，以激励企业家的管理积极性，避免企业家为实现个人利益最大化而牺牲公司利益的行为发生。风险投资家可以把部分股权变成可转债的形式，降低股权比重。随着风险投资家对公司了解的不断深入，可以提升其对公司的管理，避免道德风险。

参考文献

[1] 张亦春，蔡庆丰.西方私人权益资本市场的发展及其对中国的启示[J].国际金融研究，2004（08）：38—43.

[2] 张佳睿.美国风险投资与技术进步、新兴产业发展的关系研究[D].吉林大学，2014.

[3] 谭胜.风险投资价值评估研究[D].西南财经大学，2008.

[4] 曾之杰.中国风险投资风险—收益分析[D].中国社会科学院研究生院，2017.

[5] 马宇.美国主权债务风险研究[M].北京：中国金融出版社，2017.

[6] 李建伟.普惠金融发展与城乡收入分配失衡调整——基于空间计量模型的实证研究[J].国际金融研究，2017（10）：14—23.

第5章　风险投资项目的估价分析

5.1　风险投资项目估价困难的根源分析

风险投资最大的特点在于其高收益、高风险性。正是由于高风险的存在，风险投资家在确定投资项目时必须进行科学的评估和严格的筛选，以尽可能减小所承担的风险。因而风险投资项目的价值评估成为越来越重要的问题。美国有关风险投资的研究已形成了相对成熟和科学的理论体系，基本实现了定性分析与定量分析相结合。但是，美国使用较多的因素分析法，不能估算出投资项目的实际价值，而市场比较法（如市盈率法）又需要有较为完善发达的证券市场和行业齐全的可对比公司。

5.1.1　风险投资项目估价现状

从实务操作层面而言，关键在于如何正确地评估风险投资项目的价值。国内的风险投资项目价值评估思想可以分为四种：以成本为基础的价值评估思想，以价格比为基础的价值评估思想，以未来收益为基础的价值评估思想，期权估价思想。

就风险投资项目估价而言，在方法上有两种倾向：

第一，时间上注重对风险投资初创阶段的研究。这与美国的风险投资估价特点是一致的。但是，统计资料表明，无论是在美国还是中国，早期投资在风险投资总额中所占的比重很小。风险企业在成长过程中更需要风险投资；在风险企业的成熟阶段，风险投资家要顺利实现退出，必须对企业进行科学合理的估价。因而，投资项目价值评估应贯穿整个风险投资的全过程。

第二，方法上注重因素评价法和现金流量贴现法。因素评价法是通过选取一系列指标，赋予各指标不同的权数，再综合指标得分情况进行投资决策。不足之处是定性分析多，不能计算出投资项目的实际价值。现金流量贴现法将风险投资项目未来的现金流量贴现，仅适用于处于成熟阶段、现金流量稳定并可准确预测风险的企业，适用范围较小。

5.1.2　风险投资项目估价特点

风险投资项目估价有三个特点：

第一，估价方法差别大。高新技术企业在种子阶段、开拓阶段、成长阶段和成熟阶段的风险水平、财务特征和价值驱动因素差别很大，因而资本分阶段注入企业成为风险投资家所能采用的最有力的控制机制。这就要求对处于企业发展不同阶段的风险投资项目采用不同的估价方法。

第二，缺乏历史资料和可比较公司。具有可比性的高新技术企业需要时间的积累，尤其作为新兴市场，新兴行业不断涌现，国内缺乏历史数据。一些成立不久的高新技术企业财务数据很少，在实施评估时过多的预测和推断会使结果误差很大，缺乏可信度。另外，由于行业差别大、高新技术企业少，实施评估时很难找到行业、技术、规模、环境、市场都相当的可比较公司。

第三，项目预期困难。许多高新技术企业处于初创阶段，盈利较少甚至亏损，在评估时无法根据企业现在的盈利计算盈利增长率。而目前软件开发公司和网络公司的收入确认问题在会计界争议很大，这也增加了估价的难度。风险投资项目估价的这些特点使得传统的项目价值评估方法不适用于高新技术企业，而因素评价法、现金流量贴现法并不适用于所有的风险投资项目。

5.1.3 风险投资项目估价方法

价值评估方法是投资价值评估理论研究中的核心内容，不同的价值评估方法体现了不同的价值评估思想。对处于企业不同发展阶段的风险投资项目采用不同的投资价值评估方法，才能得出正确的结论。在风险企业的种子阶段，风险程度非常高，充满不确定性，企业的未来价值很难量化，只能对投资项目本身的驱动因素进行评价，因而因素评价法比较适用。在风险企业的开拓阶段，项目尚未产生现金流入，技术风险很高，但是一旦技术开发成功就可能给企业带来较高的未来收益。这一阶段风险投资的实质是选择了获取较高未来收益的机会，这种机会本质上具有期权性质。传统的评估方法可能会低估风险投资项目的价值，使用期权估价法较为适当。

在风险企业的成长阶段，企业的主要风险由技术风险演变为管理风险，此时的风险投资可以通过实施价值管理帮助风险企业实现增值。在这一阶段，经济增加值（Economic Value Added，EVA）评估法是目前应用最为广泛的价值管理方法，能够科学地评估企业在此阶段风险投资项目的价值。

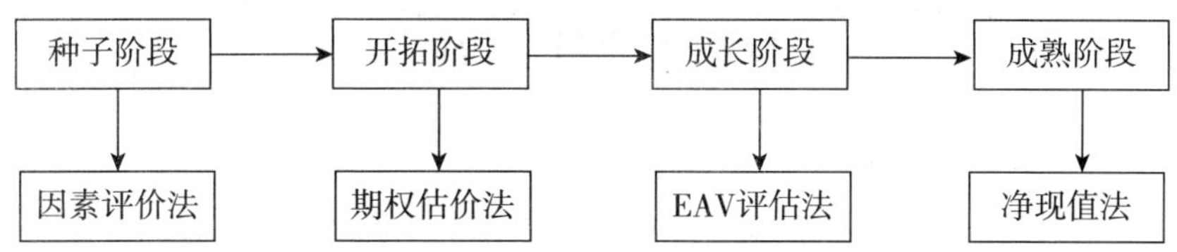

图5-1　风险投资项目估价方法基本选择框架

在风险企业的成熟阶段，风险投资家需要成功实现退出。目前中国能够成功上市的风险企业很少，市场比较法难以正确评估风险投资项目的价值。这一阶段，风险企业的主要风险体现为市场风险，企业未来现金流量的不确定性降低，应用净现值法能够正确评估项目的价值。

5.2 风险投资项目估价的模型总结

企业从种子期到初创期并没有一个界限，投资人一般通称为企业早期阶段。初创期企业适用的估值方法主要有博克斯法、共识估值法、风投专家评估法和风险因素汇总估算法，以及两种经典的股权项目评估指标体系太极—布鲁诺指标法（Tyebjee-Bruno）和卡普兰—斯特龙伯格指标法（Kaplan-Stromberg）。无论是天使投资、风险投资（VC）还是私募股权投资（PE），在进行创投之前，都需要进行一番评估。随着项目或企业的发展和成熟，评估的标准也逐渐严格和烦琐。

5.2.1 初创期企业适用的估值方法

早期企业的典型特征是公司成立和开业时间通常不到三年，营业收入达不到经济规模，现金流很不稳定，报表制度尚不健全，会计数据不全面、不规范，无法利用折现方法预测收益和计算估值。在此阶段，市场上流传天使投资人估值方法有十多种，比较实用的估值方法有六种。

5.2.1.1 共识估值法

共识估值法也叫“风险投资前评估法”，是在天使投资人对企业投资意愿执着，但估值水平与企业差异较大，无法取得一致的情况下，双方先商定一个回报率引进投资，估值定价留待企业下一轮投资时，利用风险投资基金的公司估值，反推上一轮天使投资人估值和股权占比。这种估值方法实际反映了天使投资人和风险投资人对企业的一致评价，因而称为共识估值法。

5.2.1.2　风投专家评估法

风投专家评估法是利用投融资双方对企业发展预期，推算企业未来价值，再用投资和企业两个“终值”直接计算天使投资人股权占比。

5.2.1.3　风险因素汇总估算法

风险因素汇总估算法基于因素分析，而着眼于投资风险。从投资人角度列出包括企业所处发展阶段、管理风险等12种风险因素，风险程度分为+2、+1、0、–1、–2五个等级，每个因素赋值25万元。然后针对企业内外部环境和经营状况，逐项进行评价打分，分数越高表明风险越低。最后用加总分数乘以25万元，即为估值总额。

例如：天使投资人对某公司各项风险因素评价得分如下。

- 企业所处发展阶段，存在初创期风险，得1分。
- 管理风险，团队组成和能力优良，得2分。
- 政治和产业政策风险，属于国家鼓励发展项目，得2分。
- 生产风险，采取代工生产方式，风险极低，得2分。
- 市场风险，试销反映良好，营销网络已建成，得2分。
- 技术风险，技术门槛不高，产权保护困难，得1分。
- 融资风险，实收资本少，融资能力较弱，得–1分。
- 市场风险，主要是容易仿冒，替代产品参与竞争，得1分。
- 诉讼风险，不存在产权争议，将来可能面对消费者投诉，得1分。
- 国际风险，暂未计划进入国际市场，得2分。
- 信誉风险，暂不涉及，得2分。
- 退出通道风险，已有新三板挂牌规划，但存在不确定性，得1分。

评价因素合计得16分，估值总额为400万元（16×25万元）。

这种方法的原理与博克斯相似，都是基于企业经营要素条件，但更注重风险对企业价值的影响，是一种比较保守的估值方法。

5.2.1.4 太极-布鲁诺指标法

太极-布鲁诺指标法指标体系是投资方常用的评估模型，侧重于对项目（企业）的市场吸引力、产品/服务的独特性、团队管理能力以及对环境威胁的抵抗力四个维度来判断一个创业项目（企业）的价值。

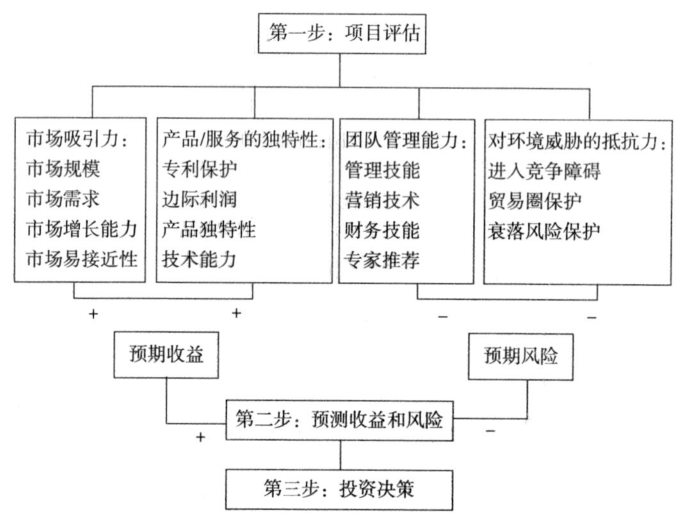

图5-2 太极-布鲁诺指标体系

然而，在实际的操作过程中，不同的投资方在多年的实践经验中会总结出自成体系的一套评估模型，对于大的投资公司尤其如此。

研究国内外不同资本给出的项目评估框架，不难发现，各自青睐的指标不尽相同，但总的来说仍然有一些关键优势最能够吸引资本方，例如团队与管理者、产品/服务的竞争优势、商业模式和增长潜力等（如

图5-3所示），具备这些因素的领先优势的项目或企业，往往在跟资本的谈判中能掌握主动权。

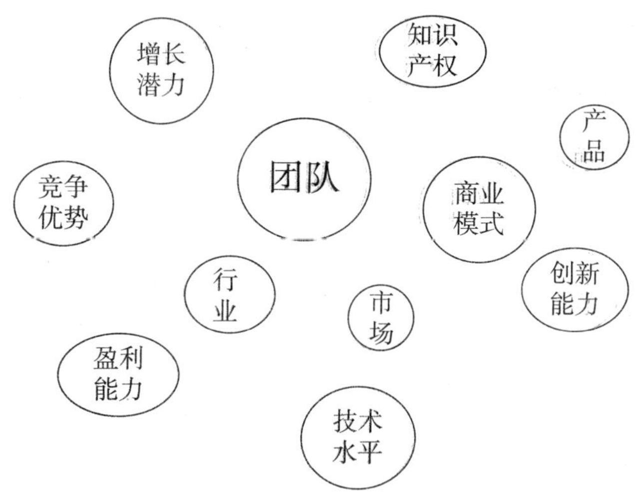

图5-3　吸引资本方的关键优势因素

5.2.1.5　卡普兰-斯特龙伯格指标法

卡普兰-斯特龙伯格分析了20家风险投资机构在42家风险企业中进投资的分析报告/备忘录，从风险企业的商业计划书、投资合同、财务报告中收集必要的补充信息，列出了风险投资家筛选项目与评估的具体过程，同时将投资准则分为四大类：包括投资机会的吸引力（风险企业的目标市场规模、战略、产品/服务/技术、竞争能力）、管理团队、投资条款、投融资环境。分别就上述四个层次描述了各自的细分子准则，对其中子准则的重要性也进行了实证统计。

层次一：投资机会的吸引力（目标市场规模与增长、产品/服务/技术、战略、竞争能力）。

层次二：管理团队。

层次三：投融资环境及退出条件。

层次四：投资条款（价值评估、合同条款、辛迪加与投资组合等）。

5.2.2 股权项目投资的静态价值评估方法

从上述研究中可以发现，股权投资基金在对项目进行筛选时，虽然因地域、政策、环境等因素影响会有所差异，但通常都会从市场规模、技术、资金、地理位置、管理团队和盈利模式等方面进行初步分析和判断，寻找符合预期的项目，然后，再进一步评估各项预测收益和风险以得出最终投资决策研判。对于企业特别是创业企业而言，首先解决的是生存问题，只有在此基础上才谈得上发展。综合上述经典的评估指标体系，可以从发展潜力和竞争力两大方面对创业企业进行静态价值评估。

因此，股权投资对企业静态价值评估就演变成两个问题：一是这是一个具有较大发展潜力的项目吗？二是这是一个能在竞争中长久处于优势地位的项目吗？

5.2.2.1 创业企业竞争能力评估指标

一般认为，新创企业竞争盈利能力可以通过创新性、价值性和持续性来进行评估，德鲁克认为新创企业的基石是创新性。创新性可以通过新创性和产品市场重新组合所带来的新机会进行评估。价值性体现在两方面：一方面是顾客可能获得的净购买收益，另一方面是新创企业的盈利水平。持续性可以通过顾客购买重复性、长期购买状态及生产经营活动所需资源量等因素进行评估。以下将围绕创新性、价值性、持续性三方面对竞争能力进行分析。

（1）产品/服务创新性的衡量。

产品/服务如果具有创新性，那么，谁会为这样的创意和新方法生产出来的产品/服务买单？对这些问题的回答就是解决产品/服务创新价值衡量的关键。可从以下三个角度来分析：

①技术的可突破程度。创新程度对创业企业能否成功非常重要，它可以设置不同的技术进入壁垒。当创新技术的可突破程度相对较高时，在对创新为创业企业所带来的价值进行评估时就要非常谨慎，企业是否具有足够的能力提升创新性从而保持较高的进入壁垒；如果不能，最好放弃。

②可产业化程度。产品/服务的创新程度影响着企业的价值，但只有创新度还远远不够，科学发明所带来的创新能否满足市场的要求不仅仅取决于其本身，还必须与社会科学技术及经济发展水平相一致，否则，再好的科学发明也不能产业化，不能产业化的创新更谈不上商业化价值。

③可商业化程度。任何创新产品或服务都必须与相应的市场需求相匹配，否则再好的创新对市场而言均没有实际意义。判断创新项目与市场匹配度的关键在于是否拥有或潜在拥有足够而有效的市场订单。足够的含义是保证创业成功的基本市场容量；有效的含义是基本的市场容量能带来生存和发展的足够市场利润水平。

（2）产品/服务价值性的衡量。

①顾客价值，是指产品/服务提供给顾客的价值。市场匹配是判断创新能否商业化的基础，而顾客价值则是市场匹配的基础。如果顾客价值大，需求弹性就相对较小，企业就有提高产品或服务销售价格的空间，反之亦然。对创业企业尤为重要的是顾客价值的传递需要与目标市场客户进行有效的交流和沟通，通过创造和管理顾客感知让顾客充分感受到拥有其产品或服务与拥有市场其他产品或服务的明显差

异，当消费者能清楚地感受到这些差异时，顾客价值的差异就能充分体现。

②创业企业价值。企业的价值通常用单位产品边际利润进行衡量。单位产品边际利润是单位产品销售价格与单位产品成本之差。单位产品销售价格取决于产品的定价能力，而单位产品成本包括三方面：一是直接成本；二是间接成本；三是管理成本。如果边际利润空间较大，创业企业就有足够的能力承担价格压力；如果创业企业的边际利润率低于20%，就说明创业企业的边际利润率偏低，一旦市场发生变化，很难有足够的利润空间应对竞争变化。

③市场容量。有效的市场容量是在单位边际利润和企业的财务目标之间寻找平衡，在财务目标一致条件下，当单位边际利润高时，对有效市场容量要求相对较低；当单位边际利润较低时，对有效市场容量要求相对较高。当预测目标市场客户有效需求量不足时，可在顾客价值和企业价值上寻找解决途径。

（3）产品/服务可持续性的衡量。

创新性和价值性表明了在特定条件下产品或服务的经济价值，这一经济价值能否满足创业企业的财务目标仍旧值得进一步研究。

①市场购买重复性。通常，如果一项产品或服务具有易耗性但不可或缺、有效保值期缩短、有较宽的应用领域时，这样的产品或服务就具有较高的重复购买率。当重复购买率较低时，就需要确认其市场容量是否足够维持企业生存和盈利，如果不能，意味着具有较大的投资风险。

②市场需求长期性。为了评价创业企业产品或服务市场需求的长期性，必须首先判断产品或服务在产品生命周期中所处的阶段，当产品或

服务处于生命周期的早期阶段时，其市场需求持续时间相对较长。其次，还应兼顾行业特征、技术生命周期等因素进行考察。

③资源保证程度。当创业企业具有良好的技术和市场前景的项目支撑时，股权投资必须对创业企业是否拥有或可能拥有的资源进行评估，包括：融资结构管理、原材料资源保障、人力资源保障、渠道网络资源保障。

5.2.2.2　创业企业发展潜力评估指标

一些战略研究学者强调，新创企业的生存能力可以借助于稀缺性、非专用性和柔性进行评估。稀缺性的评估可以通过相似性和替代性进行评估；非占有性主要通过企业收益外部掠夺性和企业价值链可控性进行评估；柔性是指企业组织为适应环境变化而采取的经营灵活性，新创企业经营柔性就是减少未来经营的不确定性和模糊性，增强新创企业核心竞争能力。

（1）产品/服务稀缺性的衡量。

①可模仿性。在巨大利润背后，竞争者千方百计通过产品或服务模仿进入市场，从而可能带来市场供应量的增加，模仿者进入的代价决定了市场供应量增加的幅度。可从客户忠诚度、法律保护、市场演变、企业文化特殊性等方面综合考量。

②可替代性。随着市场竞争的日趋激烈和技术进步，产品/服务的技术生命周期越来越短，创业企业一方面为市场带来创新产品/服务，但更多是对现有产品/服务的部分或完全替代。在衡量创业企业产品/服务可替代性风险时，大多从可替代品数量、可替代程度、竞争对手地位及价值链等方面进行评价和分析。

（2）产品/服务非占有性的衡量。

非占有性指外部相关利益团体对创业企业利润占有的大小程度，非占有性越高，对创业企业利润的侵蚀就越小，反之亦然。影响非占有性的因素主要包含两个方面：

①企业价值链传递效率。企业价值传递过程通常经历从原材料采购、产品制造、商品销售和现金收回四个过程，在这个过程中，价值链的松弛程度、传递过程中的损耗程度及合理性都影响着价值链传递的效率，进而影响企业，特别是创业企业的利润大小。

②企业价值传递中的外部掠夺。当企业建立起价值创造资源性平台后，企业外部经济主体或非经济主体会利用其手中的权力消减企业的利润。降低企业价值传递过程中外部掠夺性的手段主要通过建立自己的战略控制手段，通过战略控制手段的设计保护企业的利润并使其免受竞争对手和用户势力的侵蚀。有许多战略控制手段：品牌、专利、版权、控制分销渠道、独特的企业文化、控制价值链等。

（3）经营管理柔性的衡量。

①模糊性管理。通常情况下，如果创业企业内部结构同质性较强，当外部环境发生剧烈变化或异常时，这样的组织结构通常具有很强的惯性保持其稳定，很难在充斥模糊性的环境中发挥作用；相反，如果企业内部存在异质性的特点，将使其在面对模糊性环境时总是试图做得更好。作为管理团队，是否具备足够的创业经验及胸襟去容纳异类团队是评价创业企业是否具备柔性经营基础的关键。

②不确定性管理。管理不确定性风险的过程就是增加经营柔性，对于创业企业而言，通常通过保险和预先计划等措施进行不确定性风险管理。

5.2.2.3 创业企业静态价值评估方法

模型的建立。通过对创业企业竞争能力和生存能力影响因素的分析，将这些因素作为衡量创业企业静态价值的指标和线索建立创业企业静态价值评估模型，并以此模型为基础对创业企业静态价值进行评估，确定其未来可能发展潜力的基础，为风险投资创造价值评估及后续实现价值评估做好准备。

评估指标及有关线索。以下将借鉴成功特征理论的相关原理，按照层次分析法建立如图5–4所示的评估指标和线索，通过对评估指标和线索的分析来对创业企业静态价值进行分析和评估。线索将以创业企业静态价值作为出发点，沿着生存能力和竞争能力两条主线，衍生为六大指标和相应的评估线索，并借助各类专家对线索的分析，判断出创业企业初始静态价值。

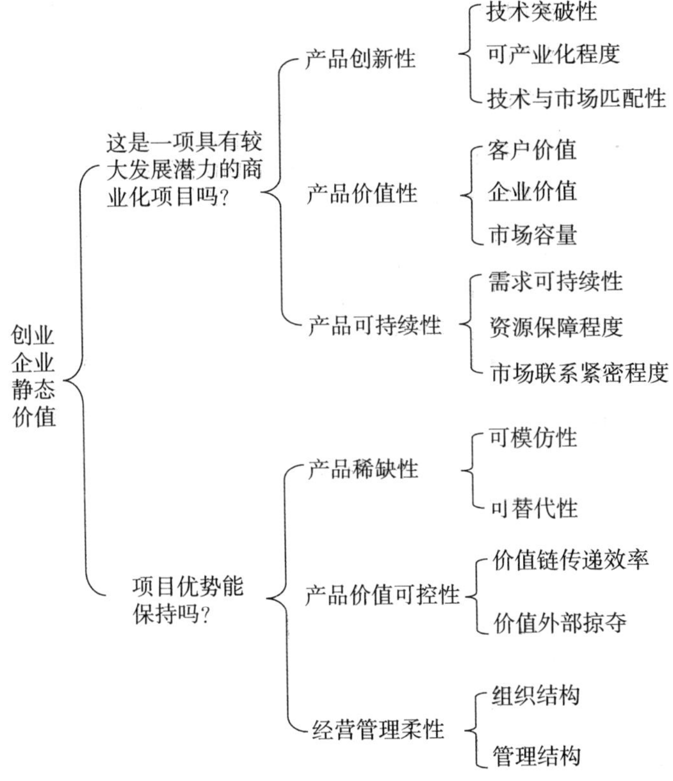

图5–4　创业企业价值评估指标及线索

从图5–5中可以看出，整个价值评估模型共分为四个单元，分别是创新性单元、价值性单元、可持续性单元和柔性评估单元。作为创业企业静态评估模型，首先进行创新性评估，再进行价值性评估单元，再评估持续性，而柔性评估单元可以视为控制单元，通过前馈或反馈等手段和方法分别对创新性、价值性和持续性进行控制和调配。在每一单元如果输出变量不满足系统要求，则系统要求反馈至初始单元进行调整，直到满足为止，否则将被系统所淘汰。

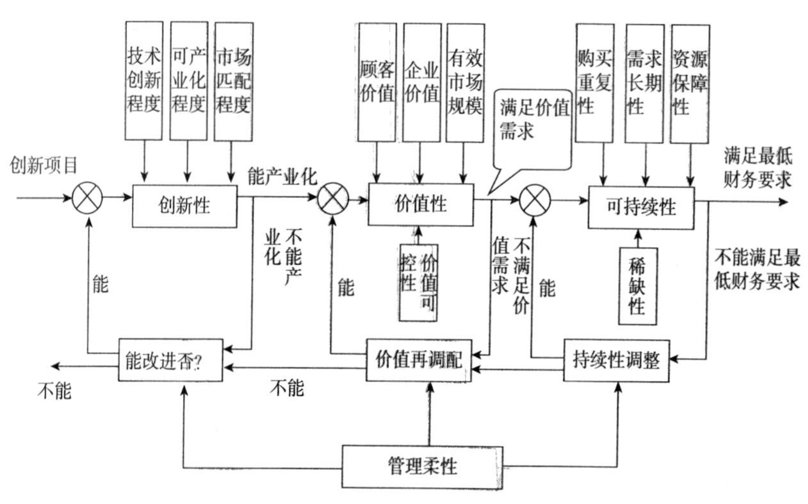

图5–5　创业企业静态价值评估模型

（1）创新性评估单元。

创业企业的创新项目首先面临创新性评价，创新性评价的核心就是在技术突破程度基础上的可产业化程度及可商业化价值，尽管并非只有创新才能获取利润，但在信息技术如此发达的今天，只有技术创新才能长久保持竞争优势，才能创造不公平竞争优势，获取超额利润。对于创新性评价，首先就是要评估技术的突破程度。技术突破有两层基本含义：一是科学发明技术；二是环境发现技术。不管是哪种创新，只要能带来全新的技术变革或市场突破，在创业投资项目中均有同样重要的意义。在技术突破程度评估基础上，还必须要评估和回答的问题，就是这样的突破和相关配套技术相适应吗？这样的突破有市场需求吗？对于创业投资创新项目而言，最终必须能实现产业化及商业化，否则，任何技术突破对创业企业而言都没有实际意义。因此，对于创业企业项目创新性评估，其目标最终就体现在能否完成有效的产业化及商业化过程。

（2）价值性评估单元。

价值性评估单元接受创新性单元的输出数据，在市场匹配及技术创新程度基础上分析客户价值、企业价值及有效市场规模，并判断价值的可控程度，输出能同时满足客户和企业的价值，同时具有一定有效市场规模及可控度的价值变量数据。只有客户价值和企业价值都满足的情况下，价值评估单元才能向下一个评估单元输出信号。

在输出值中包含价值控制变量，价值控制变量主要用于判断对项目上下游议价能力、价值链传递效率及行业产业政策对项目价值掠夺的可控程度，如果价值控制变量低，则保持企业价值和客户价值可控的不确定性和模糊性大。价值控制变量又分为可控变量和不可控变量，国家产业政策调控等对价值的掠夺就属于不可控变量，上下游议价能力及价值链传递效率就属于可控性变量。只要客户价值或企业价值其中之一不能满足价值评估单元要求时，价值评估单元就要求输出数据反馈并进行价值重新分配，直到满足双方价值为止。如果价值调整不能达到要求，则反馈回创新性评估单元对技术及市场匹配可调整性进行判断和分析。在满足顾客价值和企业价值的同时，还需对当期有效市场规模进行评估，判断并确定当期可能的投资收益。创业企业的创新产品或服务的当期市场有效规模预测更多地取决于基于现有市场因素的评估者的主观判断，由于交易成本等因素影响，消费者数量、重复购买率等有效市场规模影响因素数据的收集通常不完整，也缺乏可靠的依据，主要依靠评估者基于上述因素对市场的主观判断，具有较大的不确定性和模糊性。当期市场有效规模与企业价值（边际利润）之间的乘积就是当期企业利润总额。

（3）持续性评估单元。

持续性评估单元接收来自价值评估单元输出包括同时满足客户价值和企业价值的价值变量、有效市场规模及价值可控程度等数据变量。持续性评估就是指在上述数据变量基础上，评估分析产品或服务目标市场未来发展潜力及在此基础上可能持续生存和发展的时间长短，进而评估创业企业的总投资收益。持续性评估单元内部结构的主要影响因素包括：需求持续状况、市场联系紧密程度及资源保障程度。最终，单元输出数据可以理解为：能满足总体投资回报的最低财务指标要求，即价值评估单元输出当期投资收益与有效需求持续状况之间的乘积，只有乘积能达到和超过投资要求的总体最低利润基础之上，整个投资才具有意义，最低利润通常由预期投资收益和风险补偿组成，而市场联系紧密程度通常与创业企业烧钱速度和投资规模相关，烧钱速度越快，创业企业持续的时间可能就越短，投资规模越大，放弃的机会成本就越高，持续的时间可能就越长。稀缺性控制就是通过专利、技术秘密或行政保护等手段增加同类产品或相似产品进入市场的壁垒，防止增加市场供应或减少市场需求，从而保障企业产品或服务市场需求的持续性。

（4）管理柔性评估单元。

创新性单元、价值性单元和持续性单元分别对创业企业项目价值进行了评估，但在创业实践过程中，由于交易成本的存在，市场、技术及资源等要素信息数据的收集存在大量的不确定性和模糊性影响因素，对于有些数据，创业者本身也很难提供，使得创业企业未来发展充满不确定性和模糊性。同时，在变化而动荡的创业环境中，在各评估单元的参数和指标可能随时产生变化，从而导致输出结果通常由于不符合要求而需要进行反馈重新处理，这就对创业企业的管理柔性提出了更高的要求，对创业团队的经验和综合素质提出了更高的要求。

5.2.2.4　价值评估模型

在借鉴Ronald K. Mitchell、谭胜等人研究成果基础上，根据上述项目投资静态价值评估标准，针对中国创业环境指出九种风险投资企业模板（如图5–6所示）。图中横轴指企业生存能力，以稀缺性、非专用性和柔性等指标及相应线索展开对企业生存能力的评估，并得出相应的评估结果；纵轴指企业竞争能力，以创新性、价值性和持续性等指标及相应线索展开对创业企业竞争能力的评估，并得出相应的结果。最后根据得出的生存能力和竞争能力的评估结果，在坐标中寻找相应的位置，并总结出九种典型的风险项目投资模型。上述项目模型为风险投资项目提供了依据和参考，在风险投资实践中，项目并非需要100%和模型进行拟合，只要有60%以上的接近程度就可以。

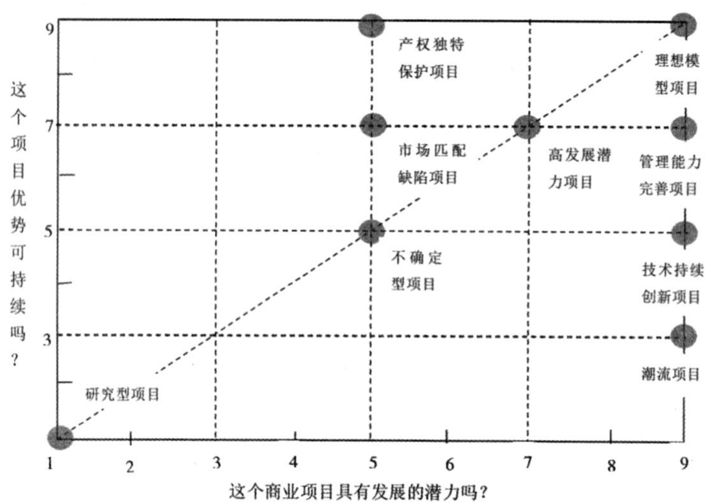

图5–6　九种风险项目标准模型

参考文献

[1] 曾之杰.中国风险投资风险—收益分析 [D]. 中国社会科学院研究生院，2017.

[2] 谭胜.风险投资价值评估研究 [D]. 西南财经大学，2008.

[3] 张亦春，蔡庆丰.西方私人权益资本市场的发展及其对我国的启示 [J]. 国际金融研究，2004 (08)：38—43.

[4] 杨大楷，缪雪峰.风险投资项目价值评估研究 [J]. 辽宁财专学报，2004 (03)：3—6.

[5] 白澎.风险投资项目价值评估研究 [J]. 科技管理研究，2010，30 (12)：49—51.

[6] 张晓红.我国风险投资项目评估指标体系探讨 [D]. 华东师范大学，2005.

[7] 马宇.美国主权债务风险研究 [M]. 北京：中国金融出版社，2017.